Fridrih Niče
ANTIHRIST

I0151788

REČ I MISAO
KNJIGA 472

Preveo
JOVICA AĆIN

FRIDRIH NIČE

ANTIHRIST

Prokleto hrišćanstvo

IZDAVAČKO PREDUZEĆE „RAD"
BEOGRAD

Izvornici

Friedrich Nietzsche
WERKE IN DREI BÄNDEN
Herausgegeben von Karl Schlechta
Carl Hanser Verlag, München, 1954. do 1956.

DER ANTICHRIST
Band II, str. 1163–1235
NIETZCHE WERKE – Kritische Gesamtausgabe
Herausgegeben von Giorgo Colli und Mazzino Montinari
Abt. 6, Bd. 3, S. 161-252
Walter de Gruyter & Co,
Berlin, 1969

Ova knjiga pripada najređima. Možda od njih čak nijedan ne živi. To bi bili oni koji razumeju mog Zaratustru: kako bih smeo da se pomešam sa onima za koje već danas rastu uši? – Meni pripada tek preksutrašnjica. Neki se rađaju posthumno.

Uslove da bih bio shvaćen i tada shvaćen sa nužnošću – poznajem samo odviše tačno. Mora se biti čestit do okrutnosti u stvarima duha da bi se isto tako, izdržala moja ozbiljnost, moja strast. Mora se biti vešt planinskom životu – da bi se pod sobom gledalo kukavno doba političkog brbljanja i samoživosti naroda. Mora se postati ravnodušan, nikada ne pitati da li istina služi, postaje li sudbonosnom... Neka naročita sklonost snage za pitanja za koja niko danas nema odvažnosti; odvažnosti za ono zabranjeno; predodređenost za lavirint. Jedno iskustvo sedmostruke samotnosti. Nove uši za novu muziku. Nove oči za ono najdalje. Nova savest za istine do sada prećutkivane. I volja za ekonomiju velikog stila: sakupljati njenu snagu, njenu ponesenost... Strahopoštovanje prema sebi; ljubav za sebe; bezuslovna sloboda sa samim sobom...

Pa dobro! To su jedini moji čitaoci, moji pravi čitaoci, moji predodređeni čitaoci: šta preostaje? – Ostatak je samo čovečanstvo. – Čovečanstvu se mora biti nadmoćan snagom, visinom duše – prezirom...

Fridrih Niče

1

– Pogledajmo se u lice. Mi smo Hiperborejci – dosta dobro znamo koliko po strani živimo. „Ni po zemlji ni po vodi nećeš naći put koji vodi Hiperborejcima“: već je Pindar to znao o nama. S one strane severa, leda, smrti – *naš* život, *naša* sreća... Otkrili smo sreću, poznajemo put, našli smo izlaz iz lavirinta starog čitave milenijume. Ko bi ga *inače* našao? – Moderni čovek možda? – „Ne znam kuda idem ni otkuda dolazim; ja sam sve ono što ne zna kuda ide ni otkuda dolazi“ – uzdiše moderni čovek... Od *te* modernosti smo se razboleli – od gnjilog mira, od kukavičkog kompromisa, od sve vrle nečistote modernog Da i Ne. Ova tolerancija i *largeur** srca, koja sve „oprašta“, jer sve „shvata“, jeste široko za nas. Bolje živeti u ledu nego među modernim vrlinama i drugim južnim vetrovima!... Bili smo dosta hrabri, štedeli nismo ni sebe ni drugog: ali dugo nismo znali *kuda* sa našom hrabrošću. Postali smo sumorni, zvali su nas fatalistima. *Naš* fatum – to je bilo obilje, naprezanje, pribiranje snaga. Žeđali smo za munjom i delima, bili najdalje od sreće slabića, od „razočaranosti“... Oluja je bila u našem vazduhu, priroda kojom smo se natmurili – *jer nikakvog puta nismo imali*. Formula naše sreće: jedno Da, jedno Ne, jedna prava linija, jedan *cilj*...

---

* Na francuskom u izvorniku, znači *širina*. – *Prim. prev.*

2

Šta je dobro? – Sve što u čoveku podstiče osećanje moći, volju za moć, moć samu.

Šta je rđavo? – Sve što potiče iz slabosti.

Šta je sreća? – Osećanje da moć *raste* – da je savladan neki otpor.

Ne zadovoljnost, nego više moći; *ne* mir uopšte, nego rat; *ne* vrlina, nego sposobnost (vrlina u stilu Renesanse, *virtú*, vrlina bez moralke).

Slabi i bezuspešni neka propadnu: prvo načelo *našeg* milosrđa. I još im u tome treba pomoći.

Šta je štetnije od ma kojeg poroka? – Aktivno je sažaljenje za sve slabe i bezuspešne – hrišćanstvo...

3

Problem koji čovečanstvo treba da reši nije u redosledu bića koji ja ovde pravim (– čovek je *kraj* –): nego koji tip čoveka treba *gajiti, hteti,* kao najviše vredan, najdostojniji života, najpouzdaniji za budućnost.

Taj najviše vredan tip u više navrata je već postojao: ali kao srećan slučaj, kao izuzetak, nikada kao *željen.* Štaviše, *on je* upravo izazivao strah, bio je do sada bezmalo *ono* strašno – i zbog straha je željen, gajen, *dobijan* obrnuti tip: domaća životinja, životinja koja živi u skladu, bolesna životinja čovek-hrišćanin...

4

Čovečanstvo *ne* prestavlja razvitak, na način kako se to danas veruje, ka boljem ili snažnijem ili višem. „Napredak“ je naprosto moderna ideja to jest lažna ideja. Današnji Evropejac je po svojoj vrednosti daleko ispod Evropejca Renesanse; razvoj *nije* neizbežno, po nekoj nužnosti, uzdizanje, uspinjanje, jačanje. U jednom drugom smislu postoji neprestano nicanje, na najrazličitijim mestima. Zemlje i iz najrazličitijih kultura, pojedinačnih slučajeva sa kojima se, u stvari, predstavlja jedan *viši tip:* nešto što je u odnosu na ukupno čovečanstvo neka vrsta natčoveka. Takvi srećni slučajevi veličajnog nicanja uvek su bili mogući i možda će uvek biti mogući. Pa čak i čitava pokolenja, rodoslovlja, narodi, mogu pod izvesnim okolnostima da predstavljaju takav *zgoditak.*

5

Hrišćanstvo ne treba kititi i ukrašavati: ono je vodilo *rat do smrti* protiv ovog *višeg* tipa čoveka, proganjalo je sve osnovne instinkte ovog tipa, iz tih instinkata destilisalo zlo, *zlobnika* – snažan čovek kao izopačen tip, „izopačenik". Hrišćanstvo je stalo na stranu svih slabih, ništavnih, bezuspešnih. Iz *protivstavljanja* instinktima održanja snažnog života ono je stvorilo ideal; iskvarilo je sam um duhovno najsnažnijih priroda time što je podučavalo da se na vrhunske vrednosti duhovnosti gleda kao na grešne, kao na bludne vrednosti, kao na *iskušenja.* Najžalosniji primer: Paskalova iskvarenost, koji je verovao da iskvarenost njegovog uma potiče od prvobitnog greha, dok je on bio iskvaren samo njegovim hrišćanstvom!

6

Bolan je, užasan prizor koji mi se otkrio kada sam razgrnuo zastor sa ljudske *iskvarenosti.* Ova reč, u mojim ustima, bar je zaštićena od sumnje da prikriva neku moralnu optužnicu protiv čoveka. Ona je – želeo bih još jednom da naglasim – *oslobođena moralisanja;* i to do stepena da sam najsnažnije osetio ovu iskvarenost upravo tamo gde ona najsavesnije teži „vrlini", „božanstvu". Iskvarenost razumem, pogađa se već, u smislu *décadence:* tvrdim da sve vrednosti u kojima čovečanstvo sada sažima svoje vrhunske želje jesu *décadence-vrednosti.*

Životinju, vrstu, individuu, zovem iskvarenom ako je izgubila svoje instinkte, ako je odabrala, ako se *privrgla* onome što joj škodi. Jedna istorija „uzvišenih osećanja", „ideala čovečnosti" – a moguće je da je moram ispričati – bila bi bezmalo, takođe, objašnjenje *zašto* je čovek tako iskvaren. Sam život je, za mene, poput instinkta za rast, za trajanje, za prikupljanje snaga, za *moć:* tamo gde nema volje za *moć,* propada se. Tvrdim da svim vrhunskim vrednostima čovečantva *nedostaje* ova volja – da pod najsvetijim imenima vladaju vrednosti propadanja, *nihilističke* vrednosti.

7

Hrišćanstvo se naziva religijom *samilosti.* – Samilost je suprotna krepkim čuvstvima koja podižu energiju osećanja života. Ona deluje depresivno. Kada se sažaljeva gubi se snaga. Samilošću se još uvećava i umnogostručava gubitak snage koji već nastaje, po sebi, trpljenjem. Sámo trpljenje uz pomoć samilosti postaje zarazno. Pod izvesnim okolnostima može doći do toga da ukupan gubitak života i životne energije stoji u apsurdnom odnosu prema kvantumu uzroka (slučaj smrti Nazarećanina). Eto prvog gledišta, ali postoji još jedno važnije. Ako je samilost promeni spram vrednosti reakcija koje je ona izazvala, tada se u još izrazitijoj svetlosti ocrtava njen po život opasan karakter. Samilost uglavnom krstari zakonom razvitka koji je zakon *selekcije.* Podržava ono što je zrelo da propadne, pristrasno brani ono što je život razbaštinio i prokleo, pomoću mnoštva promašenih svih vrsta, koje ona *održava* u životu, samom životu pridaje zloslutan i neizvestan vid. Usudilo se da se samilost nazove vrlinom (u svakom *otmenom* moralu ona važi kao slabost); otišlo se i dalje, od nje se načinila vrlina *uopšte,* tlo i izvor svih vrlina – samo, razume se, i što stalno treba imati u vidu, to se uradilo na osnovu jedne filozofije koja je bila nihilistička, koja je na svom štitu zapisala *ništenje života.* U tome je Šopenhauer bio u pravu: život negiran samilošću još je *dostojniji da bude negiran* – samilost je *praksa* nihilizma. Još jednom: ovaj depresivni i zarazni instinkt prožima instinkte koji se odnose na održanje i podizanje vrednosti života: koliko kao *multiplikator* bede toliko kao *konzervator* svih bednika on je glavni pogon uspona *décadence* – samilost nagovara na *ništavilo!*... Ne veli se „ništavilo“: to se naziva „onostranošću“, ili „Bogom ili *istinskim* životom“; ili se kaže nirvana, spasenje, blaženstvo... Ova čedna retorika koja potiče iz okružja religiozno-moralne idiosinkrazije izgleda *mnogo manje čedna* čim se shvati *koje* je vrste tendencija koja se ovde ogrće plaštom tananih reči: tendencija *neprijateljska prema životu.* Šopenhauer je bio neprijatelj života: *otuda* je za njega samilost vrlina... Aristotel je, kao što je poznato, u samilosti video bolesno i opasno stanje pri čemu je dobro da mu se tu i tamo doskoči nekim purgativom. On je tragediju shvatao kao purgativ. Polazeći od životnog instinkta, da bi se oslobodili takvog bolesnog i opasnog nagomilavanja samilosti, kakvo predstavlja Šopenhauerov slučaj (a nažalost i čitava naša književna i umetnička *décadence* od Sent Petersburga do Pariza, od Tolstoja do Vagnera), moralo bi se tragati, u stvari, za sredstvom da se ono razjede, da se *rasprši*... Ništa nije nezdravije usred naše nezdrave modernosti od hrišćanske samilosti. *Tu* biti lekar, *tu* biti neumoljiv, *tu* rezati – to je *naš* zadatak, to je način *našeg* milosrđa, po tome smo *mi* filozofi, mi Hiperborejci!

8

Neophodno je reći *koga* osećamo kao našu suprotnost – teologe i sve što u telu ima krv teologa – čitavu našu filozofiju... Kob mora da se sagleda izbliza, mora da se, još bolje, doživi u njoj samoj, mora da joj se siđe u koren i dozvoli da vas gotovo uništi da bi se razumelo da tu više nije reč ni o kakvoj zabavi – (slobodoumlje naše gospode prirodnjaka i fiziologa je u mojim očima *zabava* – njima nedostaje strasti za ove stvari, *stradanja* zbog njih). Ova zatrovanost zalazi mnogo dalje nego što se misli: instinkt teološke nadmenosti našao sam svuda gde se danas oseća „idealist" – gde se u ime visokog porekla prisvaja pravo da se o stvarnosti razmišlja i na nju ravnodušno gleda... Idealist drži, sasvim kao sveštenik, sve velike pojmove u ruci (i ne samo u ruci!), sa dobrohotnim prezirom on se poigrava sa „razumom", „čulima", „čašću", „lagodnim životom", „naukom", vidi ih *pod* sobom, kao štetne i zavodničke snage nad kojima lebdi „Duh" u čistom zasebitku – kao da smernost, nevinost, siromaštvo, jednom reči *svetost,* nisu do sada prouzrokovali u svetu neizmerno više zla nego bilo koji užas, bilo koji porok... Čisti duh je čista laž... Dokle god sveštenik, taj, po svom *zanimanju* uništavalac, klevetnik, trovač života, važi još za *uzvišenu* vrstu čoveka, neće biti odgovora na pitanje: šta *je* istina? Istina je već obrnuta na glavu ako kao zastupnik „istine" važi svesni advokat ništavila i ništenja...

9

Ovom teološkom, instinktu objavljujem rat: svuda nalazim njegove tragove. U čijem telu kola teološka krv, taj sučelice svih stvari stoji naopako i nečasno. Pathos koji se razvija iz toga, naziva se *vera:* zatvoriti oči pred sobom, jednom za svagda, da ne bi trpeli od neizlečivo lažnog gledišta. Iz ove pogrešne optike nametnute svim stvarima stvara se jedan moral, vrlina, svetost, čista savest se vezuje za *lažno* viđenje – zahteva se da nijedna *druga* vrsta optike ne sme više da ima vrednost, pošto je jedino prava ona koja je sakrosanktno stvorena u ime „Boga", „iskupljenja", „večnosti". Svuda sam iskopavao teološki instinkt: on je najrasprostranjeniji, naročiti *podzemni* oblik lažnosti koji postoji na zemlji. Što teolog oseća kao istinito, *mora* da je lažno: odatle se bezmalo može izvući kriterijum istine. Njegov najdublji instinkt samoodržanja zabranjuje da realnost u ma kojoj tački bude uvažena ili, pak, samo dođe do reči. Sve dokle se prostire teološki uticaj, *suđenje o vrednosti* je postavljeno naglavce, pojmovi „istinito" i „lažno" su neminovno preokrenuti: što je najkobnije za život, naziva se ovde „istinito", što ga veliča, podstiče, potvrđuje, opravdava i čini da trijumfuje, zove se „lažno"... Događa li se da teolozi kroz „savest" kneževa (*ili* naroda) pružaju ruku prema *moći* ne sumnjamo u to *šta* se uvek nalazi u osnovi: volja za kraj, to *nihilistička* volja hoće od moći...

10

Među Nemcima će se smesta razumeti ako kažem da je filozofija iskvarena teološkom krvi. Protestantski pastor je deda nemačke filozofije, sam protestantizam njen *peccatum originale*. Određenje protestantizma: napola ukočeno hrišćanstvo – *i* um... Dovoljno je izgovoriti samo reč „Tibingenska bogoslovija"* da bi se shvatilo *šta* je u osnovi nemačka filozofija – *podmukla* teologija... Švabe su najbolje varalice u Nemačkoj, oni

---

* Tibingen se nalazi u Švapskoj. „Tibingenska bogoslovija" (Tubingen Stift) glasovita je protestantska ustanova u kojoj su, krajem XVIII stoleća, između ostalih učili Šeling, Helderlin i Hegel. *Prim. prev.*

nevino lažu... Otkuda je poteklo likovanje koje prožima, do pojave *Kanta,* svet nemačkog učenjaštva čije su tri četvrtine pastorski i učiteljski sinovi – otkuda je poteklo nemačko uverenje, koje i danas još ima odjeka, da je sa Kantom započeo okret ka *boljem?* Teološki instinkt u nemačkom učenjaštvu naslutio je unapred *ono* što bi jednom ponovo moglo da iskrsne... Otvorio se jedan skriveni put prema starom idealu, pojam *„istinskog sveta",* pojam morala kao *biti* sveta (te dve najzloglasnije zablude koje postoje!), bili su sada opet, zahvaljujući jednoj prepredenoj skepsi, ako ne dokazivi, ono ipak ne više *opovrgljivi...* Um, *pravo* uma ne prostire se toliko daleko... Od realnosti je napravljena „prividnost"; od jednog savršeno *izmišljenog* sveta, sveta bivstvujućeg /Seienden/, napravljena je realnost... Kantov uspeh je naprosto teološki uspeh: Kant je bio, jednako Luteru, jednako Lajbnicu, papuča više u po sebi loše usaglašenom taktu nemačke čestitosti.

11

Još koja reč oko Kanta kao *moraliste.* Neka vrlina mora da bude *naš* izum, *naša* najličnija odbrana i nužda: u svakom drugom smislu ona je jedino opasnost. Ono što nije uslov našeg života, *šteti* mu: vrlina samo iz osećanja poštovanja pred pojmom „vrlina", kako je to hteo Kant, jeste škodljiva. „Vrlina", „dužnost", „dobro po sebi", dobro sa karakterom bezličnosti i opštevažnosti – priviđenja u kojima se izražava propadanje, krajnja iznurenost života, kenigzberško crnčenje. Upravo na obrnuto upućuju najdublji zakoni održanja i rasta: da svako sebi stvara *svoju* vrlinu, *svoj* kategorički imperativ. Narod odumire ako *svoju* dužnost zameni pojmom dužnosti uopšte. Ništa dublje, više iznutra ne razara od te „bazične" dužnosti, tog žrtvovanja pred Molohom apstrakcije. – Nije li se Kantov kategorički imperativ osetio kao *opasan za život!*... Teološki instinkt je jedino to uzeo pod svoju zaštitu! – Neko delovanje na koje prisiljava instinkt života u zadovoljstvu nalazi dokaz za svoju *ispravnost:* a taj nihilist, sa hrišćansko-dogmatskim crevima, zadovoljstvo je razumevao kao *prigovor*... Šta brže razara od raditi, misliti, osećati bez unutrašnje nužnosti, bez jednog duboko ličnog izbora, bez *zadovoljstva?,* poput automata, „dužnosti"? To je upravo recept za *décadence* za sam idiotizam... Kant je postao idiot. – A bio je *Geteov* savremenik! Ova paukova sudbina važila je – i još važi! – za *nemačkog* filozofa... Dobro pazim da ne kažem šta mislim o Nemcima.... Nije li Kant u Francuskoj revoluciji video prelaz neorganskog oblika države u *organski?* Nije li se pitao da li postoji neki događaj koji nikako drukčije ne može da bude objašnjen nego samo prisutnošću jednog moralnog plana u čovečanstvu, čime je jednom za svagda, bila *dokazana* „težnja čovečanstva za dobrim"? Kantov odgovor: „to je revolucija." Pogrešni instinkt u svemu i svačem, *protivpriroda* kao instinkt, nemačka *décadence* kao filozofija – *to je Kant!*

12

Izdvajam par skeptika, pristojan tip u istoriji filozofije: ali ostatak, on ne poznaje ni osnovne zahteve intelektualne čestitosti. Svi se oni listom ponašaju kao priproste žene, svi ti veliki zanesenjaci i neobični stvorovi – već „lepa osećanja" oni drže za argumente, „nabrekla prsa" za meh božanstva, ubeđivanje za *kriterijum* istine. Najposle, i Kant je, u njegovoj „nemačkoj" bezazlenosti, pokušao da pod pojmom „praktički um" taj oblik korupcije, taj nedostatak intelektualne savesti, pretvori u nauku: on je naročito u tu svrhu izmislio jedan um za slučajeve u kojima se ne bi brinulo za um, naime za one u kojima se čuje glas morala, uzvišenog zahteva „treba". Dovoljno je shvatiti da je gotovo kod svih naroda filozof samo produžetak svešteničkog tipa, pa da se nad ovom svešteničkom baštinom *plaćenom lažnim novcem* više ne čudi. Kada se imaju sveti zadaci, na primer da se poboljša, spase, iskupi čovek – kada se božanstvo drži u grudima, kada je rog za prizivanje imperativa „s one strane", sa takvom misijom vi ste već izvan svih čisto razumskih vrednovanja – *sami* već posvećeni takvim zadatkom, sami već tip nekog višeg poretka!... Šta mari neki sveštenik za *nauku!* On je iznad toga! – A sveštenik je do sada *vladao!* – On je *određivao* pojam „istinitog" i „neistinitog"!...

<h1 style="text-align:center">13</h1>

Ne potcenjujmo ovo: *mi sami,* mi slobodni duhovi, mi smo već „prevrednovanje svih vrednosti", objava rata i pobede *otelovljena* u svim starim pojmovima o „istinitom" i „neistinitom". Najvredniji uvidi su najkasnije otkriveni; ali najvredniji uvidi su *metodi. Svi* metodi, *sve* pretpostavke našeg sadašnjeg naučnog duha, bili su tokom hiljada godina izloženi najdubljem preziru: ukoliko ste tragali za njima bili ste isključeni iz svakog opticaja sa poštenim" ljudima – važili za „neprijatelja Boga", za onoga koji prezire istinu, za „opsednutog". Naučnost je bila poput Čandale* ... Protiv sebe smo imali čitav pathos čovečanstva – njegov pojam o tome šta *treba* da je istina, šta *treba* da je služba istini: do sada je svako „treba" bilo upravljeno protiv nas... Naš predmet, naše prakse, naš miran, oprezan, podozriv način – sve mu je izgledalo savršeno nedostojno i vredno prezira. – Konačno treba se, radi neke pravičnosti, pitati nije li ono što je toliko dugo čovečanstvo držalo zaslepljeno upravo *estetski* ukus: ono je od istine zahtevalo *pitoreskno* dejstvo, od

---

* Čandala – ime nadenuto najnižem sloju u indijskom kastinskom društvu. *Prim. prev.*

saznavaoca podjednako zahtevalo da snažno deluje na čula. Naša *uzdržljivost* mu najduže nije bila po ukusu... Oh, kako su oni to pogađali, ti božji ćurani...

<h1 style="text-align:center">14</h1>

Mi smo drukčije učili. U svemu smo bili skromniji. Čoveka više ne izvodimo iz „duha", iz „božanstva", vratili smo ga među životinje. Za nas je on najsnažnija životinja, jer je najlukavija: jedna od posledica toga je njegova duhovnost. S druge strane, čuvamo se sujete koja bi htela opet da se ovde čuje: kao da bi čovek bio veliki, poslednji cilj životinjskog razvitka. On nipošto nije kruna stvaranja: svako biće pored njega je na jednakom stepenu savršenstva... I budući da to tvrdimo, tvrdimo i preko toga: čovek je relativno uzev, najbezuspešnija životinja, najbolesnija, najopasnije skrenuta sa puta svojih instinkata – svakako, uza sve to i *najzanimljivija!* Što se tiče životinja, najpre se Deakrt odvažio, sa drskošću vrednom poštovanja, na ideju da životinju razume kao *machina:* čitava naša fiziologija upinje se da dokaže ovaj stav. Isto tako, logički, mi ne izdvajamo čoveka kako je to pak Dekart učinio: ono što se danas uopšte shvatilo o čoveku prostire se upravo u granicama do kojih je on shvaćen mašinski. Pre toga je, kao njegov miraz iz nekog višeg poretka, čoveku pripisivana „slobona volja": danas smo mu čak oduzeli volju u smislu da pod tim više ne sme da bude shvaćena nikakva sposobnost. Stara reč „volja" služi za to da označi jednu rezultantu, jednu vrstu individualne reakcije koja nužno prati mnoštvo delom suprotstavljenih, delom saglasnih draži – volja više ne „deluje", više ne „pokreće"... Nekada se u čovekovoj svesti, u „duhu", video dokaz njegovog visokog porekla, njegove božanske prirode. Da bi se čovek *usavršio* savetovalo mu se, po ugledu na kornjaču, da čula uvuče u njih same, napusti opticaj sa zemaljskim, svuče smrtni plašt: tada bi od njega preostala najbitnija stvar, „čisti duh". Ovde se razilazimo: za nas je svest, „duh", upravo simptom relativnog nesavršenstva organizma, eksperimentisanje, pipanje, promašivanje, mučenje u koje je utrošeno nepotrebno mnogo nervne snage – poričemo da išta savršeno može da se napravi ukoliko se to pravi svesno. „Čisti duh" je čista glupost: ne računamo li nervni sistem i čula, „smrtni plašt", *tada loše računamo – ništa više!...*

15

Ni moral ni religije ne dodiruju se, u hrišćanstvu, ni sa kojom tačkom stvarnosti. Sami imaginarni *uzroci* („Bog", „duša", „ja", „duh", „slobodna volja" – ili pak „neslobodna"): same imaginarne *posledice* („greh", „iskupljenje", „milost", „kazna", „praštanje grehova"). Opticaj između imaginarnih *bića* („Bog", „duhovi", „duše"); imaginarna nauka o *prirodi* (antropocentrična; potpuno odsustvo pojma o prirodnom uzroku); imaginarna *psihologija* (sami nesporazumi sa samim sobom, tumačenja prijatnih ili neprijatnih opštih osećanja, na primer stanja *nervus symphaticusa* pomoću jezika sastavljenog od znakova religiozno-moralne idiosinkrazije – „pokajanje", „griža savesti!", „đavolova kušanja", „božja blizina"); imaginarna *teleologija* („božje carstvo", „poslednji sud", „večni život"). – Ovaj *čisti svet fikcije* razlikuje se, i to znatno na njegovu štetu od sveta sna po tome što ovaj poslednji stvarnost *odražava,* dok je prvi krivotvori, obezvređuje, poništava. Tek što je otkriven pojam „priroda" kao pojam protivstavljen pojmu „Bog", „prirodno" je moralo da postane reč za „osudu" – čitav taj svet fikcije ima svoj koren u mržnji prema prirodnom (stvarnost!), on je izraz nelagodnosti u stvarnom... *No, sa tim se sve obja-*

snilo. Ko bi sam imao nekog razloga da *obmanjujući se beži* iz stvarnosti? Onaj ko *trpi* od nje. Ali, trpeti od stvarnosti znači biti *brodolomna* stvarnost... Pretezanje osećanja nezadovoljstva nad osećanjima zadovoljstva jeste *uzrok* jednog fiktivnog morala i religije: no takvo pretezanje pruža *formulu za décadence...*

16

Do istog zaključka dovodi i kritika *hrišćanskog pojma boga.* – Narod koji još veruje u sebe samog ima, isto tako, svog sopstvenog boga. U njemu on poštuje uslove pomoću kojih je nadmoćan, svoje vrline – svoje osećanje moći on projektuje u neko biće kojem može da zahvali za svoje unutrašnje zadovoljstvo. Ko je bogat taj želi da deli; gordom narodu je bog potreban da bi *žrtvovao...* Sa takvim pretpostavkama religija je oblik zahvalnosti. Za samog sebe je zahvalan: za to je potreban neki bog. – Takvom bogu mora da je moguće da koristi i da naudi, da bude prijatelj i neprijatelj – njemu se divi koliko u dobru toliko i u zlu. *Protivprirodno* škopljenje nekog boga u čisto dobrog boga bilo bi ovde izvan onoga što se želi. Koliko dobar toliko je potreban i zao bog: štaviše, za sopstvenu egzistenciju ne zahvaljuje se upravo toleranciji, ljudskom prijateljstvu... Kakav bi to bio bog koji ne bi poznavao srdžbu, osvetu, zavist, porugu, lukavstvo, nasilje?, koji možda nijednom nije upoznao zanosne *ardeurs** pobede i uništavanja? Takav bog se ne bi razumeo: čemu on? – Svakako: kada narod nestaje, kada oseća da konačno opada njegova vera u budućnost, nada u slobodu, kada mu podjarmljivanje kao prva korisnost i vrline podjarmljenih prodru u svest, tada i njegov bog *mora* da se, isto tako, preobrazi. Sada on postaje pritvorica, pla-

---

* Na francuskom u izvorniku. Znači, između ostalog, *vrućice. Prim. prev.*

šljiv, smeran, poziva se na „duševni spokoj", na odustajanje od mržnje, na blagost, čak na „ljubav" prema prijatelju i neprijatelju. Stalno morališe, gamiže po šupljini svake privatne vrline, postaje bog za svakog, privatna osoba, kosmopolit... Nekada je on predstavljao jedan narod, snagu naroda, sve ono što je u duši naroda agresivno, i žedno moći: sada je on pak čisto dobri bog... U stvari, nema druge alternative za bogove: *ili* su volja za moć – i dotle će postojati dok su narodni bogovi – *ili* pak nemoć na moći – i tada nužno postaju *dobri...*

17

Tamo gde u nekom obliku volja za moć opada, svaki put postoji i neko fiziološko nazadovanje, *décadence.* Božanstvo *décadence,* odsečeno od njegovih najmuškijih vrlina i nagona, nužno biva bogom fiziološki zaostalih, slabih. Oni sebe same ne zovu slabi, nazivaju se „dobri"... Nije potrebno opominjati da bi se razumelo u kojim trenucima istorije postaje moguća tek dualistička fikcija jednog dobrog i jednog zlog boga. Sa istim instinktom sa kojim pokoreni smeštaju svog boga na ravan „dobra po sebi", precrtavaju oni dobra svojstva boga njihovih pobedilaca; oni se svete svojim gospodarima time što *ođavoljuju* njihovog boga. – *Dobar* bog, kao i đavo: oba su izrodi *décadence* – Kako je još dan-danas moguće toliko popuštanje gluposti hrišćanskih teologa da se zajedno sa njima rešava dekretom da je razviće pojma boga od „boga Izraela", od narodnog boga do hrišćanskog boga, do suštastva svega dobrog, *napredak? –* No sam Renan to radi. Kao da je Renanu dato pravo na glupost! Ipak, pada u oči i suprotno. Kada se pretpostavke *rastućeg* života, kada se sve snažno, srčano, gospodarsko, gordo, odstrani iz pojma boga, kada se on korak po korak izopači u simbol štapa za umorne, spasonosne kotve za davljenike, kada postane bog siromašnih, bog grešnih, bog bolesnih *par exellence,* a predikat „spasitelj", „iskupitelj" *preostane* tako reći kao jedini božanski predikat: *o čemu* govori takva promena?, takva *redukcija* božanskog? – Jasno: „božje carstvo" je time uvećano. Nekada je on imao samo svoj narod, svoj „izabrani" narod. U međuvremenu on je, sasvim poput svog naroda, pošao u tuđinu, počeo da luta, da potom nigde više ne nađe spokoja: konačno, od tada, on je svuda kao kod kuće, veliki kosmopolita – za svoju stranu je zadobio „veliki broj" i polovinu Zemlje. Ali, bog „velikog broja", demokrat među bogovima, uprkos tome nije postao gordi mnogobožački bog: ostao je Jevrejin, ostao je bog kutaka, bog svih senovitih uglova i mesta, svih nezdravih četvrti čitavog sveta!... Posle kao i pre, njegovo carstvo na ovome svetu je carstvo podzemlja, dom ubogih, *souterrain*-carstvo, carstvo-geto... A on sam, toliko bled, toliko slab, toliko *décadent...* Čak su najbleđi među bledima postali gospodari nad njim, gospoda metafizičari, albinoni pojma. Oni su ga upreli u svoju zaverenićku mrežu da je on, hipnotiziran njihovim pokretima, postao sam pauk, sam metafizikus. Štaviše, on sa svoje strane ispreda svet iz sebe – *sub specie Spinozae** – štaviše, sebe transfiguriše u nešto sve tananije i sve bleđe, bivajući „ideal", bivajući „čisti duh", bivajući „absolutum", bivajući „stvar po sebi"... *Propast boga:* bog koji biva „stvar po sebi"...

18

Hrišćanski pojam boga – bog kao bog bolesnih, kao pauk, kao duh – jeste jedan od najiskvarenijih pojmova o bogu koji su dospeli na zemlju. On možda čak predstavlja najniži nivo u opadajućem razvitku božjeg tipa. Bog odrođen u *protivrečje života,* umesto da bude

* Igra reči u nemačkom. Pauk i Spinoza. Pauk je *Spinne.* Prim. prev.

njegovo preobraženje i večno *Da!* U bogu obrečeno neprijateljstvo prema životu, prirodi, volji za životom! Bog formula za svako klevetanje „ovostranog", za svaku laž o „onostranom"! U bogu obogotvoreno ništavilo, prosvećena volja za ništavilom!...

19

Da snažne rase severne Evrope nisu od sebe odbacile hrišćanskog boga, to zaista ne čini čast njihovom religioznom daru – da ne govorimo o ukusu. Oni su *morali* izići na kraj sa takvim izrodom *décadence.* Zato što nisu sa njim okončali, na njima leži prokletstvo: u sve svoje instinkte su primili bolest, starost, protivrečje – od tada nisu *stvorili* više nijednog boga! Skoro dve hiljade godina a ni jedan jedini novi bog! Nego jednako još i kao s punim pravom postojeći, kao *ultimatum* i *maximum* bogotvorne snage, *creator spiritus-a* u čoveku, taj vredan žaljenja bog hrišćanskog monotono-teizma! Ta hibridna tvorevina propadanja sačinjena iz nule, pojma i protivrečnosti, u kojoj svi instinkti *décadence,* svi kukavičluci i sve lomnosti duše nalaze svoju potvrdu!

20

Osuđujući hrišćanstvo ne bih želeo da budem nepravedan prema jednoj srodnoj religiji koja po broju sledbenika čak premaša prvu: prema *budizmu.* Kao nihilističke religije obe spadaju zajedno – one su religije *décadence* – obe su na neobičan način međusobno razlučene. Za mogućnost da se one danas *porede* kritičar hrišćanstva je duboko zahvalan indijskim učenjacima. – Budizam je stotinu puta realističniji od hrišćanstva – on je u krvi nasledio objektivno i hladno postavljanje problema, on dolazi *nakon* niza stoleća istrajnog filozofskog traganja. Kada on nastaje, pojam „bog" je već ukinut. Budizam je jedina doslovno *pozitivistička* religija, koju nam istorija dozvoljava da upoznamo, pa čak i njenu teoriju saznanja (jedan strogi fenomenalizam). On više ne veli „borba protiv *greha*", nego, dajući sasvim za pravo stvarnosti, „borba protiv *trpljenja*". Iza sebe je već ostavio – čime se duboko razlikuje od hrišćanstva – samoobmanu u pojmovima o moralu – on je, rečeno mojim jezikom, *s one strane* dobra i zla. *Dve* fiziološke činjenice na kojima počiva i koje ima u vidu jesu: *najpre* izvanredno visoka osetljivost senzibiliteta koja se izražava kao istančana sposobnost za bol, *zatim* izuzetna produhovljenost, odviše dugo življenje u pojmovima i logičkim procedurama zbog čega je instinkt za ličnost oštećen u korist „bezličnog" (oba stanja su, bar nekolicini mojih čitalaca, „objektivnih", kao i meni samom, poznata iz ličnog iskustva). Ovi fiziološki uslovi su doveli do *depresije:* prema njoj se Buda odnosi higijenski. On joj suprotstavlja život u slobodnom prostoru, lutalački život; umerenost i izbirljivost u jelu; oprez spram svih alkoholnih pića i spram čuvstava koja izazivaju jed i uzburkavaju krv; nikakva *zabrinutost* ni za sebe ni za drugog. On zahteva predstave koje ili umiruju ili razveseljavaju – iznalazi sredstva za odvikavanje od drugih. Dobrotu, stanje dobrote, razume kao zahtev za zdravljem. *Molitva* je isključena upravo kao i *askeza*. Nema kategoričkog imperativa, uopšte nema *prinude,* čak ni unutar manastirske zajednice (kad god se želi može se iz nje ponovo izići). Sve su to bila sredstva da se pojača ona prekomerna osetljivost. Upravo zato on ne insistira ni na kakvoj borbi protiv onih koji drukčije misle; njegovo učenje ni protiv čega se *više* ne bori nego protiv osećanja osvete, odvratnosti, *ressentiment-a* („neprijateljstvu se ne može stati na put pomoću neprijateljstva": udarni pripev čitavog budizma...). I s pravom: upravo ova čuvstva bila

23

su najnezdravija s obizrom na osnovnu dijetetsku nameru. Sa duhovnim zamorom, kojeg zatiče i koji se izražava u preteranoj „objektivnosti" (to jest slabljenju individualnog interesa, gubitku u težini, u „egoizmu"), on se bori strogim svođenjem i najduhovnijih interesa na *ličnost*. U Budinom učenju egoizam je nužda: „jedno je neophodno" i „kako se *ti* oslobađaš patnje" vodi i omeđava duhovnu dijetu (a zašto da se pak ne setimo onog Atinjanina koji je isto tako ratovao sa čistom „naučnošću", Sokrata koji je egoizam ličnosti u području problema uzdigao do morala).

21

Pretpostavka za budizam je veoma blaga klima, velika i krotka popustljivost i liberalnost u moralnim običajima, *nikakav* militarizam; i da pokret ima svoje ognjište u višim i čak obrazovanijim slojevima. Njegov cilj je *postignut* ako se kao najvišem cilju teži vedrini, spokoju, odsustvu svake želje. Budizam nije religija u kojoj se naprosto stremi savršenstvu: nešto savršeno je normalan slučaj.

U hrišćanstvu u prvi plan izbijaju instinkti potčinjenih i potlačenih: u njemu svoj spas traže najniži slojevi. Tu se kao *zanimanje,* da bi se doskočilo dosadi, praktikuje kazuistika greha, samokritika, inkvizicija savesti; tu se neprestano napregnutim (molitvom) održava afektivni odnos spram jednog *moćnika* nazvanog „Bog"; tu ono najviše važi kao nedostižno, kao poklon, kao „milost". U njemu isto tako nema javnosti. Hrišćansko je skrovište, mračan prostor. Telo je prezreno, higijena odbačena kao čulnost. Crkva se čak bori protiv čistote (prva hrišćanska mera posle progona Mavara bila je zatvaranje javnih kupatila, kojih je samo Kordoba imala 270). Hrišćanstvo je izvestan smisao za surovost prema sebi i drugome; mržnja prema onima koji drukčije misle; volja za proganjanjem. U prvom planu su turobne i uzbudljive predstave; najviše priželjkivana, označena najvišim imenima, jesu epileptička stanja. Dijeta je tako izabrana da podstiče morbidna priviđenja i nadražuje nerve. Hrišćansko je smrtno neprijateljstvo prema onima koji se drže zemlje, prema „otmenima“ – i u isti mah prikriveno, tajno nadmetanje (njima se prepušta „telo“, hoće se *samo* „duša“...). Hrišćansko je mržnja prema *duhu,* prema ponositosti, odvažnosti, slobodi, *libertinage** duha; hrišćansko je mržnja prema *čulima,* prema radovanju čula, prema radosti uopšte...

22

Kada je hrišćanstvo napustilo svoje prvo tlo, najniže slojeve, *donji svet* Antike, kada je pošlo u potragu za moći među varvarskim narodima, tu ono više nije imalo za pretpostavku *umorne* ljude, nego iznutra podivljale i rastrzane – snažne ali bezuspešne ljude. Nezadovoljstvo sobom, patnja u sebi, ovde *nije* kao kod budista neka prekomerna osetljivost i sposobnost za bol, već obrnuto: premoćna želja za zlodelom, za rasprskavanjem unutrašnje napetosti u dušmanske činove i predstave. Hrišćanstvu su bili neophodni *varvarski* pojmovi i vrednosti da bi zagospodarilo nad varvarima: takvi su žrtvovanje prvenca, pijenje krvi u pričesti, preziranje duha i kulture, mučenje u svim oblicima, fizičkim i psihičkim, veličanstveni lažni sjaj kulta. Budizam je religija za *kasnije* ljude, za blage, ljubazne, izuzetno produhovljene rase koje su odviše lako sklone boli (Evropa još dugo neće biti zrela za njega): on je vraćanje tih rasa spokoju i vedrini, dijeti u prostoru duha, izvesnom prekaljivanju u prostoru tela. Hrišćanstvo hoće da za-

* Na francuskom u izvorniku: *Libertinage* = slobodoumlje, slobodarstvo. *Prim. prev.*

gospodari nad *grabljivicama;* njegova zamisao je da ih *razboli* – slabljenje je hrišćanski recept za *pripitomljavanje,* za „civilizaciju". Budizam je religija za konac i zamor civilizacije, hrišćanstvo je još ne nalazi pred sobom – ono je zasniva prema okolnostima.

23

Recimo još jednom, budizam je sto puta hladniji, istinitiji, objektivniji. Njemu više nije potrebno da *prilično* sebi tumačenjem greha stvara svoju patnju, svoju sposobnost za bol – on jednostavno veli ono što misli, „ja patim". Za Varvara, naprotiv, trpeti u sebi nije ništa pristojno: njemu je neophodno tumačenje da bi sebi priznao *da* pati (njegov instinkt upućuje ga pre na poricanje patnje, na tiho podnošenje). Tu je reč „đavo" bila dobročinstvo: imao se premoćan i strašan neprijatelj – sa takvim neprijateljem nije imalo zbog čega da se postidi.

U svojoj osnovi hrišćanstvo ima nekoliko tananosti koje pripadaju Istoku. Pre svega, poznato je da je on u sebi sasvim ravnodušan da li je nešto istinito, ali od najveće važnosti je *ukoliko* se u to veruje kao istinito. Istina i *vera* da je nešto istinito: dva sasvim divergentna sveta interesa, gotovo *protivstvaljena* sveta – i jednom i drugom se prilazi u osnovi različitim putevima. Znati izvesti to – *predstavlja* na Istoku bezmalo mudrost: tako to razumeju brahmani, tako to razume Platon, tako i svaki učenik ezoteričke nauke. Ako na primer sreća počiva u verovanju u iskupljenje greha, tada kao pretpostavka za to *nije* nužno da čovek bude grešan već da se *oseća* grešan. No, ako je vera potrebna pre svega, tada se um, saznanje, istraživanje, moraju prekriti nepoverenjem: put prema istini je *zabranjeni* put. Snažna *nada* je mnogo veći podsticaj za život nego ma koja pojedina zaista postignuta sreća. Onaj koji

26

pati mora da se održava nadom koja ne može da bude protivrečna ijednoj stvarnosti – koja se ne *okončava* ni sa kakvim ispunjenjem: nada u onostranost. (Upravo zbog ove odlike da održava nesrećne, važila je kod Grka nada kao zlo nad zalima, kao izuzetno *podmuklo* zlo: ono je ostavljeno u bačvi zla). Da bi *ljubav* bila moguća bog mora da bude ličnost; da bi najdublji instinkti mogli reći svoju reč, bog mora da je mlad. Da bi se udovoljilo pobožnoj revnosti žena u pravi plan se mora staviti neki lep svetac, a za muškarce neka Marija. Ovo uz pretpostavku da hrišćanstvo hoće da zavlada područjem gde je afrodizijski ili Adonisov kult već unapred odredio *pojam* kulta. Zahtev za *čednošću* pojačava žestinu i dubinu religioznog instinkta – on čini kult toplijim, zanosnijim, duševnijim. Ljubav je stanje u kojem čovek ponajčešće vidi stvari onakvima kakve one *nisu*. Tu je iluzorna snaga u svojoj punoj visini, kao i ublažavajuća, *preobražavajuća* snaga. U ljubavi se podnosi više nego inače, sve se dopušta. Radilo se na tome da se izmisli religija u kojoj se može biti voljen: time se premošćava ono najgore u životu – čak se više i ne vidi. – Toliko o tri hrišćanske vrline veri, ljubavi, nadi: ja ih zovem tri hrišćanska *lukavstva*. – Budizam je odviše zakasnio, odviše je pozitivistički da bi na ovaj način još bio dovitljiv.

24

Ovde samo dotičem problem *nastanka* hrišćanstva. *Prva* postavka za njegovo rešavanje jeste: hrišćanstvo se da razumeti jedino na tlu iz kojeg je izraslo – ono *nije* reakcija na jevrejski instinkt, ono je njegova sama doslednost, dalji zaključak u njegovoj stravičnoj logici. U formuli iskupitelja: „Spas dolazi od Jevreja". *Druga* postavka glasi: psihološki tip Galilejca je još prepoznatljiv, ali samo u njegovom pot-

27

punom izopačavanju (koje je u isti mah osakaćivanje i pretovarivanje stranim crtama) mogao je on da posluži za ono za šta je upotrebljen, za tip *iskupitelja* čovečanstva.

Jevreji su najčudnovatiji narod u svetskoj istoriji, jer suočeni sa pitanjem o bitku i nebitku/Sein, Nichtsein/, oni su sa savršeno uzbudljivom svešću *po svaku cenu* izabrali bitak: ova cena je bila radikalno *krivotvorenje* svake prirode, svake prirodnosti, svake realnosti, čitavog unutrašnjeg kao i spoljašnjeg sveta. Ogradili su se *od* svih uslova pod kojima je do sada jedan narod mogao da živi, *smeo* da živi; od sebe su stvorili pojam suprotstavljanja *prirodnim* uslovima – postepeno su na nepopravljiv način preokrenuli religiju, kult, moral, istoriju, psihologiju, u *suprotnost njihovih prirodnih vrednosti*. Isti fenomen srećemo još jednom i u neizrecivo uvećanoj razmeri, ali uprkos svemu samo kao kopiju – hrišćanska crkva – i, obzirom na „sveti narod", ona ne može da polaže nikakvo pravo na originalnost. Upravo zato su Jevreji *najsudbonosniji* narod u svetskoj istoriji; oni su svojim naknadnim delovanjem toliko ispremetali čovečanstvo da i do danas može hrišćanin da se oseća antijevrejski a da se ne shvati kao *krajnja jevrejska konsekvenca.*

Prvi put sam u svojoj „Genealogiji morala" psihološki izložio antinomijski pojmovni par jednog *otmenog* morala i morala *ressentiment-a,* pri čemu je ovaj poslednji izvirao *iz Ne* prema prvom: i u tome je čitav jevrejsko-hrišćanski moral. Da bi se moglo reći Ne svemu što predstavlja *uzlazeće* kretanje života na zemlji, uspešan rast, moć, lepotu, samopotvrđivanje, morao je genije minulog instinkta *ressentiment-a* sebi da stvori *drugi* svet u kojem se *potvrđivanje života* javlja kao zlo, kao nešto za osudu, samo po sebi. Dopunimo li stvar i sa psihološke strane, jevrejski narod je narod najžilavije životne snage, narod koji je slobodno, stavljen u nemoguće okolnosti, iz najdubljeg lukavstva samoodržanja, stao na stranu svih *décadence*-instinkata – *ne* svladan njima, nego zato što je u njima otkrio moć kojom može da se posvedoči *spram* „sveta". Jevreji su protivnost svih *décadents:* oni su morali da im se *prikažu* kao iluzija, znali su da se stave sa jednim *non plus ultra* pozorišnog genija, na vrh svih *décadence*-kretanja (kao *Pavlovo* hrišćanstvo) da bi iz njih stvorili nešto snažnije od ma kakve stranke *koja govori Da* životu. *Décadence* je, za onu vrstu ljudi koji u jevrejstvu i hrišćanstvu priželjkuju moć *sveštenički* način, samo *sredstvo:* životni interes ove vrste ljudi je da čovečanstvo učini *bolesnim* i pojmove „dobro" i „zlo", „istinito" i „lažno", izopači u po život opasan i za svet klevetnički smisao.

25

O istoriji Izraela se ne može suditi kao o tipičnoj istoriji svakog *otprirođavanja* prirodnih vrednosti. Ukazujem na pet činjenica koje se toga tiču. U iskonu, pre svega u vreme Kraljeva, i Izrael se odnosio prema svim stvarima *ispravno,* to jest prirodno. Njegov Jehova bio je izraz svesti o moći, zadovoljstva sobom, nade u sebe: od njega se očekivala pobeda i spas, preko njega se uzdalo da priroda pruža ono što je narodu potrebno – pre svega kišu. Jehova je bog Izraela i *sledstveno* bog pravednosti: logika svakog naroda koji je moćan i na tome gradi svoju čistu savest. U kultnim svečanostima izražavaju se obe ove strane samopotvrde jednog naroda: on je zahvalan za sreću sudbinu kojom se izdigao, zahvalan je za promenu godišnjih doba i svu blagodat u stočarstvu i zemljoradnji. – Ovo stanje stvari dugo je ostalo idealom, čak i kada je bilo raščinjeno na žalostan način: anarhija unutra, Asirci spolja. No, narod je kao najpoželjnije stanje učvrstio onu viziju kralja koji je dobar vojnik i strog sudija: pre svega onu tipičnog proroka (to jest kritičara i satiričara trenutne situacije), Isaija. – Ali, svaka nada je ostala neispunjena. Stari bog nije *mogao* više ništa od onoga što je ranije mogao. Moralo mu se dozvoliti da ode. Šta se dogodilo? Pojam o njemu se *promenio – otprirodio* se: to je cena po koju se održao. Jehova bog „pravde“ – *nije više* jedno sa Izraelom, nije više izraz narodnog samoljublja: još je bog samo pod izvesnim uslovima... Njegov pojam postaje oruđe u rukama svešteničkih agitatora koji od sada svaku sreću tumače kao nagradu, svaku nesreću kao kaznu za neposlušnost prema bogu za „greh“. To je onaj najlažljiviji manir tumačenja nekog tobožnjeg „morlanog svetskog poretka“ sa kojim je, jednom za uvek, prirodni pojam „uzroka“ i „posledice“ okrenut naglavce. Kada se pak, posredstvom nagrade i kazne, prirodna kauzalnost isterala iz sveta, bilo je potrebno potražiti *protivprirodnu* kauzalnost: sav ostatak neprirode se na to nadovezao. Bog koji *zahteva* – umesto boga koji pomaže, savetuje, koji je u osnovi podsticajna reč za svako srećno nadahnuće odvažnosti i samopouzdanja... *Moral* koji nije više izraz životnih i razvojnih uslova jednog naroda, koji nije više njegov najdublji životni instinkt, nego je postao apstraktan, protivstavljen životu – moral kao temeljno razjedanje mašte, kao „zlo oko“ upereno na sve stvari. *Šta* je jevrejski, *šta* je hrišćanski moral? Nevinost predata slučaju, nesreća okaljana pojmom „greha“, dobro raspoloženje shvatano kao opasnost kao „iskušenje“, fiziološka nelagodnost zatrovana crvom koji nagriza savest...

26

Krivotvoreni pojam boga, krivotvoreni pojam morala – jevrejsko sveštenstvo se nije zaustavilo na tome. Nije se znalo šta činiti sa čitavom *istorijom* Izraela: neka se tornja! – Ti sveštenici su ustoličili čudo krivotvorenja, za šta nam kao dokument služi dobar deo Biblije: sa nečuvenom porugom prema svakom nasleđu, prema svakoj istorijskoj realnosti, oni su prošlost svog sopstvenog naroda *preveli u religiozno,* to jest od nje načinili stupidan mehanizam spasa: krivica prema Jehovi i kazna, pobožnost prema Jehovi i nagrada. Mnogo bolnije bi osetili ovaj najsramniji čin krivotvorenja istorije da nas *crkvena* interpretacija istorije nije hiljadama godina gotovo zatupljivala zahtevima za tačnost *in historicis.* A crkvi su sekundirali filozofi: *laž* o „moralnom poretku sveta“ prožima čitav razvoj čak i novije filozofije. Šta znači „moralni poredak sveta“? Da božja volja postoji, jednom za svagda, u onome što čovek čini, u onome što mu je dopušteno; da se vrednost jednog naroda, jednog pojedinca, meri prema njegovoj većoj ili manjoj pokornosti božjoj volji; da sudbina naroda, pojedinca, osvedočava *vladavinu* božje volje, to jest one koja kažnjava i nagrađuje srazmerno poslušnosti. – *Realnost* umesto ove laži vredne žaljenja znači: parazitska vrsta čoveka, koja opstaje trošenjem svih zdravih životnih oblika, *sveštenik,* zloupotrebljava božje ime: društveno stanje u kojem sveštenik određuje vrednost stvari on naziva „Božjim carstvom“; sredstvo kojim takvo stanje postiže i održava naziva „Božjom voljom“. Sa hladnokrvnim cinizmom on odmerava narode, razdoblja, pojedince, prema tome da li oni koriste ili se suprotstavljaju svešteničkoj svemoći. Neka ih se pogleda na delu: *veliko* razdoblje u istoriji Izraela postalo je, u rukama jevrejskih sveštenika, razdoblje propadanja, progonstva, duge nesreće, preobrazilo se u večnu kaznu za veliko doba – doba kada sveštenik još ništa nije značio. Oni su, već prema svojim potrebama, od moćnih, *slobodarskih* likova iz istorije Izraela stvarali jadne varalice i kukavice ili „bezbožnike“, psihologiju svih velikih događaja pojednostavili su u idiotsku formulu „poslušnost *ili* neposlušnost prema bogu“.

31

Korak dalje: „Božja volja" (to jest uslovi održanja moći sveštenika) mora da bude *prepoznata* – u ovu svrhu je potrebno „otkrovenje". Jasno je: potrebno je veliko književno krivotvorenje, pronađen je jedan „sveti spis" – uz svu obrednu pompu, sa danima pokajanja i kukanjem nad dugim „grehom", on je objavljen. „Božja volja" je već odavno bila utvrđena: čitava nesreća bila je u tome da se „sveti spis" zagubio... Mojsiju je već bila otkrivena „Božja volja"... Šta se dogodilo? Sa strogošću i pedanterijom, čak do malih i velikih poreza koji su imali da mu se plate (ne zaboravivši ni najukusnije komade mesa, jer je on veliki ljubitelj beefsteaka), sveštenik je jednom za svagda formulisao *šta on želi da ima*, „šta je božja volja"... Od sada su sve životne stvari tako uređene da je sveštenik *svuda neophodan;* u svim prirodnim događajima u životu, kod rađanja, braka, bolesti, smrti, a da o „žrtvovanju" (obedovanje) i ne govorimo, pojavljuje se sveti parazit da bi ih *otprirodio* – njegovim jezikom: „osvetio"... Jer, mora se shvatiti: svaki prirodni običaj, svaka prirodna ustanova (država, pravni poredak, brak, staranje o bolesnima i siromašnima, svaki zahtev koji potiče iz životnog instinkta, ukratko sve ono što *u sebi* ima svoju vrednost, postalo je sa svešteničkim parazitizmom (ili „moralnim poretkom sveta") u osnovi bezvredno, *oprečno* vrednosti: svemu tome je potrebna naknadna potvrda – potrebno je stvoriti moć *koja odobrava vrednost,* moć koja poništava prirodu i koja upravo tek time *stvara* vrednost... Sveštenik obezvređuje, *obesvešćuje* prirodu: tek po tu cenu on uopšte postoji. Neposlušnost prema bogu, to jest prema svešteniku, prema „zakonu", dobija sada ime „greh". Sredstva da bi se ponovo „izmirili sa Bogom" jesu, kako je pravo, sredstva kojima se samo još sigurnije zajemčuje potčinjenost sveštenicima: sveštenik jedini „iskupljuje"... Psihološki gledano, „grehovi" su neophodni u svakom sveštenički organizovanom društvu. Oni su pravo održavanje moći, sveštenik *živi*

32

od grehova, njemu je potrebno da se „greši"... Vrhov-
no načelo: „Bog oprašta onome koji se kaje" – jasnije:
koji se potčinjava svešteniku.

27

Na takvom *lažnom tlu,* gde je svaka priroda, svaka
prirodna vrednost, svaka *realnost,* imala protiv sebe
najdublje instinkte vladajuće klase, izraslo je *hrišćan-
stvo,* oblik smrtnog neprijateljstva prema realnosti ko-
ji do sada nije prevaziđen. „Sveti narod", koji je za sve
stvari zadržao samo svešteničke vrednosti, samo sve-
šteničke reči, i koji je, sa doslednošću u ulivanju stra-
ha, odbacio od sebe sve što je inače ostalo na zemlji od
moći kao „bogohulno", kao „svet", kao „greh" – taj na-
rod proizveo je za svoj instinkt poslednju formulu ko-
ja je logički vodila do samoporicanja: on je, kao *hri-
šćanstvo,* porekao i poslednji oblik realnosti, „sveti
narod", „narod izabranih", samu *jevrejsku* realnost.
Slučaj je prvoga reda: mali pobunjenički pokret, koji je
kršten prema imenu Isusa iz Nazareta, *još jedanput* je
jevrejski instinkt – drugim rečima, sveštenički instinkt
koji više ne podnosi sveštenika kao realnost, izum jed-
nog još *izvedenijeg* oblika postojanja, jedne još *nereal-
nije* vizije sveta od one koja je uslovljena organizaci-
jom neke crkve. Hrišćanstvo *poriče* crkvu...
    Ne vidim protiv čega je pobuna bila uperena, razu-
meli dobro ili *ne* njenog začetnika Isusa, ako nije bila
pobuna protiv jevrejske crkve – „crkve" uzete tačno u
onom smislu u kojem mi danas tu reč razumemo. To je
bila pobuna protiv „dobrih i pravednih", protiv „svetog
Izraela", protiv hijerarhije društva – *ne* protiv njegove
iskvarenosti, nego protiv kaste, privilegije, poretka,
formule. Ona je bila *neverovanje* u „više ljude", *Ne* re-
čeno svemu što je bilo sveštenik i teolog. No hijerarhi-
ja, koja je time, iako samo za trenutak, bila stavljena u

pitanje, bila je sojeničko naselje u kojem je jevrejski narod, usred „vode", uglavnom još održavao – mučno izvojevana *poslednja* mogućnost da preživi talog njegove zasebne političke egzistencije: napad na nju bio je napad na najdublje narodne instinkte, na najžilaviju narodnu volju za životom koja je ikada postojala na zemlji. Taj sveti anarhist, koji je pozivao najniže slojeve naroda, odbačene i „grešnike", *čandalu* unutar jevrejstva, na pobijanje vladajućeg poretka – sa jezikom, ako je verovati Jevanđeljima, koji i danas još traje u Sibiru, bio je politički zločinac upravo koliko je to bilo moguće u jednoj *apsurdno-nepolitičkoj* zajednici. I ona ga je odvela na krst: dokaz za to je zapis na krstu. Umro je za *svoju* krivicu – nema nikakvog osnova, iako je to često bilo tvrđeno, da je umro za krivicu drugog.

28

Sasvim je drugo pitanje da li je on uopšte bio svestan takve protivrečnosti – ili se pak *osećao* kao ta protivrečnost. I tek ovde dodirujem problem *psihologije iskupitelja*. Priznajem da je malo knjiga koje čitam sa takvim teškoćama kao Jevanđelje. Ove teškoće su druge vrste od onih na čijem utvrđivanju je učena radoznalost nemačkog duha slavila jedan od svojih najnezaboravnijih trijumfa. Daleko je vreme kada sam i ja, poput svakog mladog naučnika, sa razboritom sporošću jednog istančanog filologa, uživao u delu neuporedivog Štrausa. Tada sam imao dvadeset godina: sada sam preozbiljan za to. Šta me se tiču protivrečja „nasleđa"? Kako je uopšte moguće da se legende o svecima zovu „nasleđe"! Povesti o svecima su najdvosmislenija literatura koja uopšte postoji: primeniti na njih naučni metod, *kada nema nijednog drugog dokumenta,* izgleda mi unapred osuđeno na neuspeh – puko naučno besposličenje...

Ono do čega *mi* je stalo jeste psihološki tip iskupitelja. On bi *mogao* čak da bude sadržan u Jevanđelima uprkos Jevanđeljima, ma koliko bio osakaćen ili pokriven stranim crtama: kao onaj koji je sačuvan u legendama Franje Asiškog uprkos tim legendama. *Ne* istina o tome šta je radio, šta je govorio, kakve su stvarne okolnosti njegove smrti: nego pitanje da li je njegov tip još uopšte moguće zamisliti, da li ga je „tradicija sačuvala"? – Pokušaji za koje znam, da se iz Jevanđelja iščita čak *istorija* jedne „duše", izgledaju mi kao potvrde gnusne psihološke lakomislenosti. Gospodin Renan, taj lakrdijaš *in psychologicis,* snabdeo je svoje objašnjenje tipa Isusa sa dva *najneprikladnija* pojma koji se na njega mogu primeniti: pojmom *genija* i pojmom *heroja („héros")*. A ako je nešto nejevanđeljsko, to je pojam heroja. Ovde je instinktom postala upravo surpotnost svem borenju, svakom borbenom raspoloženju: ovde nesposobnost za otpor postaje moral („ne opiri se zlu!", to je najosnovnija poruka Jevanđelja, u izvesnom smislu njihov ključ), blaženstvo u miru, u krotkosti, u ne-*moći*-biti-neprijatelj. Šta znači „radosna vest"? Istinski život, večni život je nađen – on nije obetovan, on je tu, *u nama:* kao život u ljubavi, u ljubavi bez razilaženja i isključivosti, bez odstojanja. Svako je božje dete – Isus apsolutno ništa ne traži jedino za sebe – kao božje dete svako je sa svakim jednak... Praviti od Isusa *heroja!* – I kakvo nerazumevanje reči „genije"! Čitavo naše poimanje, naš kulturni koncept „duha" nema u svetu u kojem živi Isus baš nikakvog smisla. Rečeno strogim jezikom filozofije, ovde bi jedna sasvim druga reč bila pre na mestu: reč idiot. Znamo za jedno stanje bolesne osetljivosti *čula pipanja* koje svaki put kada se dodirne, uhvati neki predmet izaziva stresanje. Prevede li se takav filozofski *habitus* na njegovu poslednju logiku –

kao instinktivna mržnja prema *svakoj* realnosti, kao bekstvo u „nedokučivo", u „neshvatljivo", kao odvratnost prema svakom formulisanju, svakom pojmu o vremenu i prostoru, prema svemu što je opipljivo, moralni običaji, institucija, crkva, kao biti kod kuće u svetu koji nema više nikakvog dodira sa realnošću, koji je još samo „unutrašnji", „istinski" svet, „večni" svet... „Božje carstvo *je u nama*"...

30

Instinktivna mržnja prema realnosti: posledica ekstremne sposobnosti za trpljenje i draž koja uopšte ne želi da „dotiče", jer bilo kakvo dodirivanje oseća odviše duboko.

Instinktivno isključivanje svih gađenja, neprijateljstava svih granica i distanci u osećanju: posledica ekstremne sposobnosti za trpljenje i draž, koja ne samo svako opiranje, već i primoravanje na otpor oseća kao nepodnošljivo *nezadovoljstvo* (to jest kao *pogubno,* kao nešto od čega *odvraća* instinkt samoodržanja), a blaženstvo (zadovoljstvo) vidi jedino u tome da se više ne protivi ničemu, nikome, pa ni nedaćama i zlu – ljubav kao jedina, kao *poslednja* mogućnost života...

To su dve *fiziološke realnosti* na kojima, iz kojih je izraslo učenje o iskupljenju. Ja ih nazivam sublimno dalje razvijanje hedonizma na potpuno morbidnom temelju. Najsrodniji mu je, iako sa znatnim dodatkom grčke vitalnosti i nervne snage, epikurejizam, mnogobožačko učenje o iskupljenju. Epikur, *tipični décadent:* najpre sam ga ja kao takvog prepoznao. Strah od boli, čak od onog beskrajnog malog u boli – on ne *može* drukčije da okonča nego u jednoj *religiji ljubavi...*

31

Svoj odgovor na problem dao sam napred. On pretpostavlja da nam je tip iskupitelja sačuvan samo u ogromnoj unakaženosti. To izvrtanje ima u sebi mnogo verovatnosti: takav tip nije iz više razloga mogao da ostane čist, potpun, bez dodataka. Isto tako je i sredina, u kojoj se ovaj neobični lik kretao, a još više istorija, *sudbina* prve hrišćanske zajednice, morala da ostavi tragove na njemu. Od njega je postao tip sa mnoštvom crta koje se daju razumeti samo ratom i propagandnim ciljevima. Taj čudni i bolesni svet u koji nas uvode Jevanđelja – svet, kao iz nekog ruskog romana, u kome kao da su upriličili sastanak društveni talog, društvena patnja i „dečji" idiotizam – morao je u svakom slučaju da *vulgarizuje* tip: osobito prvi učenici prevode jedno biće, potpuno utopljeno u simbole i nedokučivosti, najpre u njihovu sopstvenu sirovost da bi od njega uopšte nešto razumeli – za njih je tip *postojao* tek nakon njegovog uobličavanja u poznatije oblike... Prorok, mesija, budući sudija, učitelj morala, čudotvorac, Jovan Krstitelj – toliko prilika da se tip ne prepozna... Konačno, ne potcenjujemo *proprium* bilo kojeg velikog, naime sektaškog obožavanja: ono briše izvorne, ponekad mučno-strane crte i idiosinkrazije u obožavanom biću – *ono ih čak ne vidi.* Trebalo bi žaliti što jedan Dostojevski, mislim neko ko je umeo da upravo obuhvatno oseti takvu mešavinu sublimnog, bolesnog i dečjeg, nije živeo u blizini tog najzanimljivijeg *décadent-a.* Poslednje gledište: u stvari, tip bi *mogao,* kao tip *décadence,* da bude naročite pluralne i protivrečne prirode. Takva mogućnost nije sasvim isključena. Međutim, sve nas od toga razuverava: to je upravo slučaj pri kojem je tradicija morala da bude izuzetno istinoljubiva i objektivna: iz kojih razloga bi mislili suprotno. Samo trenutak zjapi protivrečje između propovednika planina, jezera i polja, čija pojava podseća na Budu koji šeta neindij-

skim tlom, i tog agresivnog fanatika, smrtnog neprija-
telja teologa i sveštenika, koje je Renanova pakost ve-
ličala kao *„le grand maître en ironie"*.* Ja sâm i ne
sumnjam u to da je hrišćanska propaganda iz svog raz-
draženog stanja presula znatnu meru ogorčenja (i samo
iz *esprit-a*) u tip učitelja: dovoljno je poznato da se se-
ktaši ne dvoume da njihovu *apologiju* sebi stvore po-
sredstvom njihovog učitelja. Kada je prvoj hrišćanskoj
zajednici bio neophodan jedan pravednički, kavgadžij-
ski, gnevan, opako oštrouman teolog *protiv* teologâ,
stvorila je sebi svog „Boga" prema svojim potrebama:
tako mu je, bez oklevanja, stavila u usta i one sasvim
nejevanđeljske pojmove kojih tada nije mogla da se li-
ši, „vraćanje", „poslednji sud", svaku vrstu vremen-
skog čekanja i obećanja.

32

Još jednom, protivim se da se fanatik podvede pod
tip iskupitelja: reč *imperieux***, koju je upotrebio Re-
nan, samcita već *anulira* tip. „Dobra vest" je upravo da
više ne postoje nikakve suprotnosti; nebesko carstvo
pripada *deci;* vera koja se ovde oglašava nije vera za
koju se moralo izboriti – ona je tu od početka, ona je u
neku ruku detinjstvo koje je uzmaklo u duhovno. Fizio-
lozima je bar poznat slučaj, kao posledična pojava de-
generacije, odloženog i u organizam nerazvijenog pu-
berteta. Takva vera se ne srdi, ne zamera, ne brani se:
ne nosi „mač" – čak i ne sluti podelu koju bi jednom
mogla da izazove. Ona se ne dokazuje, ni čudom ni na-
gradom i obećanjem, pa ni „pismom": ona sama je sva-
kog trena svoje čudo, svoja nagrada, svoj dokaz, svoje
„Božje carstvo". Ova vera se ne fomuliše – ona *živi,* od

---

* Na francuskom u izvorniku. Znači *veliki učitelj ironije.*
Prim. prev.
** Francuski, znači prek, zapovednički... *Prim. prev.*

sebe odbija sve formule. Razume se, slučajnost okoline, jezika, predobrazovanje, određuje izvestan krug pojmova: prvo hrišćanstvo rukuje *samo* sa jevrejsko--semitskim pojmovima (i jesti i piti kod pričesti spada među njih, pojam koji je crkva, kao i sve jevrejsko, tako hudo zloupotrebila). No neka se pazi da se u tome ne vidi više od jednog znakovnog govora, semiotike, prilike za jezičke figure. Upravo ne uzimati nijednu reč doslovno jeste za ovog anti-realistu preduslov da uopšte može da govori. Među Indijcima on se koristio pojmovima Sânkhyam, među Kinezima onima koji su služili Laoceu – a pri tom nije osećao nikakvu razliku. Isus bi se mogao, sa izvesnom tolerancijom u izrazu, nazvati „slobodan duh" – prema svemu konkretnom je ravnodušan: reč *ubija,* sve što je konktetno *ubija.* Kod njega se pojam *iskustvo* „život", jedino koje poznaje, opire svakoj vrsti reči, formule, zakona, vere, dogme. On govori naprosto o onome što je najunutarnjije: „život" ili „istina" ili „svetlost" jeste njegova reč za to najunutarnjije – sve ostalo, čitava realnost, čitava priroda, sam jezik, ima za njega jedino vrednost jednog znaka, figure. Na ovom se mestu ne bi smelo sasvim omašiti, ma koliko da je velika zavodljivost koja počiva u hrišćanskoj, hoću reći *crkvenoj* predrasudi: takav simbolist *par excellence* stoji izvan svake religije, svakog pojma kulta, svake nauke o istoriji, svake nauke o prirodi, svakog iskustva sveta, svakog saznanja, svake politike, svake psihologije, svih knjiga, svake umetnosti – njegovo „znanje" je upravo *čisto neznanje* da nešto takvo postoji. *Kultura* mu čak ni po čuvenju nije poznata, on nema nikakve potrebe da se bori sa njom – ne poriče je... To isto važi za *državu,* za čitav građanski poredak i društvo, za *rad,* za rat – on nikada nije imao razloga da poriče „svet", nikada ništa nije ni znao o crkvenom pojmu „svet"... Za *poricanje* on upravo i nije bio kadar. Dijalektike takođe nema, nema predstave o tome da bi neka vera, neka „istina", mogla da bude do-

39

kazana razlozima (*njegovi* dokazi su unutrašnja „pro-svetljenja", unutrašnja osećanja zadovoljstva i samo-potvrde, čisti „dokazi po snazi"). Takvom učenju se i *ne može* protivrečiti: ono čak i ne shvata da postoje druga učenja, da *mogu* postojati, ono čak i ne ume da sebi zamisli neki suprotan sud... Sretne li ga gde, ono će sa najdubljim saosećanjem tugovati nad „slepilom" – jer ono vidi „svetlost", ali ne stavlja prigovore...

33

U čitavoj psihologiji „Jevanđelja" nedostaje pojam krivice i kazne, a isto tako i nagrade. „Greh", bilo koji distancirani odnos između boga i čoveka, ukinut je – *upravo to je „radosna vest".* Blaženstvo nije obećano, nije vezano ni za kakve uslove: ono je *jedina* realnost – ostalo je znak da bi pomoću njega govorili o njoj...

Posledica takvog stanja projektuje se u novu *praksu* koja je prava jevanđeljska praksa. Nije „vera" ta koja razlikuje hrišćane: hrišćanin dela, on se razlikuje po *drukčijem* delanju. Da ne pruža nikakav otpor, ni rečju ni u srcu, onome koji mu čini zla. Da ne pravi nikakvu razliku između stranca i domoroca, između Jevreja i ne-Jevreja („bližnji", doslovno drug po veri, Jevrejin). Da se ne srdi ni na koga, nikoga da ne omalovažava. Da ne dopusti ni sebi da vidi, ni drugog da poziva pred sudišta („ne suditi"). Da se ni pod kojim uslovima, čak ni u slučaju dokazanog neverstva, ne rastavlja od svoje žene. – Sve se u osnovi svodi na *jedno* načelo, sve je posledica *jednog* instinkta.

Život iskupitelja nije bio ništa drugo nego *ova* praksa – njegova smrt isto tako nije bila ništa drugo... Nije imao više potrebe ni za kakvim formulama, ni za kakvim ritualima za saobraćaj sa bogom – čak ni za molitvom. Obračunao se sa čitavim jevrejskim učenjem o pokajanju i pomirenju; on zna da jedino *praksa* života omogućava da se neko „božje dete" svakog trena oseća „blaženo", „božanski", „jevanđeoski". *Ni* „pokajanje", *ni* „molitva za oproštaj", nisu putevi do boga: *jedino jevanđeljska praksa* vodi do boga, upravo ona *jeste* „bog"! – Ono što je sa Jevanđeljem bilo *svršeno,* to je bilo jevrejstvo pojmova o „grehu", „opraštanju grehova", „veri", „iskupljenju verom" – čitavo učenje jevrejske *crkve* bilo je poreknuto u „radosnoj vesti".

Duboki instinkt za to kako bi se moralo *živeti* da bi se osećalo „nebeski", „večno", dok se pri svakom drukčijem ponašanju apsolutno *ne* oseća „nebeski": to je jedino psihološka realnost „iskupljenja". – Novo življenje, *ne* nova vera...

34

Ako ikada išta razumem o ovom velikom simbolisti, onda je to da je on samo *unutrašnje* realnosti uzimao kao realnosti, kao „istine" – a da je ostalo, sve prirodno, vremensko, prostorno, istorijsko, shvatao samo kao znak, kao priliku za parabole. Pojam „čovečjeg sina" nije neka konkretna ličnost koja pripada istoriji, nešto pojedinačno, jedinstveno, nego „večna" činjeničnost, jedan psihološki simbol razlučen od pojma o vremenu. To isto važi, i u najvišem smislu, za *boga* ovog tipičnog simboliste, za „božje carstvo", za „nebesko catstvo", za „božje detetstvo". Ništa nije manje hrišćanski od *crkvenih sirovosti* o bogu kao *ličnosti* o „božjem carstvu" koje *dolazi, o onostranom,* „nebeskom carstvu", o „božjem sinu", *drugoj ličnosti* trojstva. Sve je to – neka mi se oprosti na izrazu – pesnica po oku – oh, pa šta za jedno oko! – Jevanđelja: svetskoistorijski cinizam u sprdanju simbola... No u ruci je ono što je dotaknuto sa znakom „otac" i „sin" –

ne u svakoj ruci, dodajem: sa reči „sin" je izražen *ulaz* u osećaj ukupnog preoblikovanja svih stvari (blaženstvo), sa reči „otac" *sam taj osećaj,* osećaj večnosti, punoće. – Stidim se da se setim šta je crkva napravila od ovog simbolizma: nije li smestila jednu povest o Amfitrionu na prag hrišćanske „vere"? A dogmu o „bezgrešnom začeću" još preko toga?... No *time je zgrešila začeće...*

„Nebesko carstvo" je stanje srca – ne nešto što dolazi „iznad zemlje" ili „posle smrti". Ideje o prirodnoj smrti i *nema* u Jevanđelju: smrt nije most, nije prelaz, nje nema jer pripada sasvim drugom, prividnom svetu korisne znakovnosti. „Čas smrti" *nije* hrišćanski pojam – „čas", vreme, fizički život i njegove krize, čak i ne postoje za predavaoca „radosne vesti"... „Božje carstvo" nije ništa što se očekuje: ono nema juče i prekosutra, ne dolazi za „hiljadu godina" – ono je spoznaja u srcu. Svuda je i nigde...

35

Taj „radosni vesnik" umro je kao što je živeo, kao što je *podučavao – ne* da bi „iskupio ljude", nego da bi pokazao kako treba živeti. *Praksa* je ono što je zaveštao čovečanstvu: njegovo ponašanje pred sudijama, pred žbirima, pred tužiteljima i klevetama i porugama svih vrsta – njegovo ponašanje na *krstu.* On se ne opire, ne brani svoje pravo, ne pravi niti jedan korak da bi ga mimoišlo ono krajnje, štaviše *on ga izaziva...* A on preklinje, pati, voli sa onima, *u* onima, koji mu nanose zlo. Čitavo Jevanđelje je sadržano u njegovim rečima *razbojniku* na krstu. „Zaista, to je bio *božanski* čovek, božje dete!" – kaže razbojnik. „Ako ti to osećaš,, – odgovara iskupitelj – *„onda si ti u raju,* onda si ti božje dete." *Ne* braniti se, *ne* boriti se, *ne* biti odgovoran... Ali isto tako ne opirati se zlu – *voleti* ga...

36

Tek smo mi, mi *oslobođeni* duhovi, stekli pretpostavke da razumemo nešto što se nije shvatalo devetnaest stoleća – stekli onaj instinkt i čestitu strast koji objavljuju rat „svetoj laži" više nego ijednoj drugoj... Bilo se neizrecivo daleko od naše srdačne i oprezne neutralnosti, od one duhovne discipline sa kojom je jedino moguće odgonetati tako nepoznate, tako tanane stvari: sa bestidnim samoljubljem svakog trena se u tome htela samo *svoja* korist, i *crkva* je sazdana suprotno Jevanđelju...

Onaj ko bi tragao za znakovljem da iza velike svetske igre konce povlači neko ironično božanstvo ne bi za to ni najmanji oslonac pronašao u *ogromnom upitniku* koji se zove hrišćanstvo. Da čovečanstvo kleči na kolenima pred suprotnošću onoga što je bilo izvor, smisao, *pravo* Jevanđelja, da je u pojmu „crkve" sanktifikovalo upravo ono što je „radosni vesnik" osećao kao *ispod* sebe, kao *iza* sebe – u tim činjenicama bi se uzalud tragalo za nekim višim oblikom *ironije svetske istorije*...

37

Naše doba je ponosno na svoj istorijski smisao: kako bi se bezumlje moglo uveriti da je na početku hrišćanstva *nezgrapna priča o čudotvorcu i iskupitelju* – i da je sve spiritualno i simbolično nastalo tek docnije? Obrnuto: istorija hrišćanstva je – i to počev od smrti na krstu – istorija na svakom koraku sve grubljeg nerazumevanja jednog izvornog simbolizma. Sa svakim korakom rasprostiranja među sve šire i neobrazovane mase, koje su ga udaljavale od pretpostavki pod kojima je rođen, bilo je sve nužnije da se hrišćanstvo *vulgarizuje, varvarizuje* – gutalo je učenja i rituale svih *podzemnih* kultova *imperium Romanum,* najrazličitije besmislice bolesnog uma. Sudbina hrišćanstva počiva u rukama nužnosti da je sama njegova vera morala da postane toliko bolesna, toliko niska i vulgarna koliko su bolesne, niske i vulgarne bile potrebe koje je trebalo njime zadovoljiti: Konačno se, kao crkva, samo *bolesno varvarstvo* koncentrisalo na moći – crkva, taj oblik smrtnog neprijateljstva prema svakoj pravičnosti, svakoj *uzvišenosti* duše, prema svakoj duhovnoj disciplini, prema svem prostodušnom i dobrostivom čovečanstvu. *Hrišćanske* vrednosti – *otmene* vrednosti – tek smo mi, mi *oslobođeni* duhovi, uspostavili ovu najvišu vrednosnu opoziciju koja postoji!

38

Ne mogu na ovom mestu da sakrijem uzdah. Ima dana kada me obuzima osećanje crnje nego najcrnja melanholija – *prezir prema ljudima.* A da ne bih dozvolio ikakvu sumnju *šta* i *koga* prezirem: današnji čovek, čovek sa kojim sam sudbinski vezan. Današnji čovek – gušim se u njegovom nečistom dahu... Prema minulom se odnosim, poput svih saznavalaca, s velikom tolerancijom, to jest s *blagonaklonim* samosavlađivanjem: prolazim kroz hiljadugodišnju svetsku ludnicu, zvanu „hrišćanstvo“, „hrišćanska vera“, „hrišćanska crkva“, sa setnim oprezom – čuvam se od toga da čovečanstvo držim odgovornim za njegova ludila. No moja se osetljivost naglo menja, provaljuje napolje, tek što ulazim u novije, u *naše* doba. Naše doba *zna...* Ono što je nekad bilo naprosto bolesno, postalo je danas neprilično – neprilično da danas bude hrišćanin. *I ovde započinje moja mučnina.* Gledam oko sebe: nije više preostala niti jedna reč o onome što se nekada zvalo „istina“, nepodnošljivo nam je više ako neki sveštenik samo zausti reč „istina“. Čak i sa najskromnijim polaganjem na ispravnost danas se *mora* znati da teolog, sveštenik, papa, sa svakom rečenicom koju izgovori ne samo da je u zabludi, nego da *laže* – da mu više ne stoji na volju da laže iz „bezazlenosti", iz „neznanja". Isto tako, kao i svako, sveštenik zna da više ne postoji nikakav „Bog", ni „greh", ni „iskupitelj" – da su „slobodna volja", „moralani poredak sveta", *laži* – zbilja, duboko samoprevazilaženje duha ne *dozvoljava* više nikome da o tome ništa *ne* zna... *Svi* crkveni pojmovi su prepoznati kao ono što jesu kao najzlonamernije krivotvorenje novca, koje postoji, s ciljem *obezvređivanja* prirode, prirodnih vrednosti; sam sveštenik je prepoznat kao ono što jeste, kao najopasnija vrsta parazita, kao zarazni pauk života... Znamo, naša *savest* to danas zna, šta uopšte vrede, *čemu su služili* oni strašni izumi sveštenika i crkve, zahvaljujući kojima je postignuto ono stanje samoskrnavljenja čovečanstva čije posmatranje može samo da izazove odvratnost – pojmovi „onostranosti", „poslednjeg suda", „besmrtnosti duše", same „duše", jesu instrumenti za mučenje, sistemi surovosti, zahvaljujući kojima je sveštenik postao i ostao gospodar... Svako to zna: *a uprkos tome sve ostaje po starom. Kuda* je otišlo poslednje osećanje uspravnosti, samopoštovanja, kada se čak i naši državnici, obično neusiljena vrsta ljudi i potpuni antihristi na delu, dan-danas nazivaju hrišćanima i idu na pričest?... Jedan mladi knez na čelu svojih četa, veličanstven poput izraza samoljublja i samopreispitivanja njegovog naroda – ali, eto i on se, *bez* ikakvog stida, predstavlja kao hrišćanin!*... *Ko* onda poriče hrišćanstvo?, *šta* naziva on „svet"? Biti vojnik, sudija, patriot, boriti se; držati do svoje časti; iznaći svoju korist; biti *ponosit*... Svaka pakasa svakog trenutka, svaki instinkt, svako vrednovanje propovedano u delo, jeste danas antihrišćansko, a ona *iskrivotvorena nakaza* koja mora da je moderni čovek, *ne stideći se* uprkos svemu sebe, naziva se još hrišćanin!

---

* Niče misli na Vilhelma II, nemačkog cara koji se upravo te godine kada je pisan *Antihrist,* 1888, popeo na presto. *Prim. prev.*

Vraćam se nazad, pričam *pravu* istoriju hrišćanstva. Već reč „hrišćanstvo" je nesporazum u osnovi, postojao je samo jedan hrišćanin, a taj je umro na krstu. „Jevanđelje" je *umrlo* na krstu. Ono što se ovog trenutka naziva „Jevanđelje" već je bila suprotnost onome što je *on* živeo: *„loša vest", Dysangelium.* Netačno je do besmisla, ako se u nekom „verovanju" primerice verovanju u iskupljenje Hristosom, vidi distinktivno obeležje hrišćanina: jednostavno hrišćanska *praksa* – život kao življenje kroz onog koji je umro na krstu jeste hrišćanski... *Takav* život je još danas moguć, a za *izvesne* ljude čak i neminovan: pravo, izvorno hrišćanstvo biće mogućno u ma koje doba... *Ne* verovanje, nego delanje, pre svega *ne* delanje u mnogo stvari, jedan drugi način *bivstvovanja*... Stanja svesti, koja god vera, držati se istinitog na primer – svaki psiholog to zna – jesu savršeno ravnodušna i petog reda prema vrednosti instinkata: strožije rečeno, čitav pojam duhovne uzročnosti je lažan. Svesti hrišćanina, hrišćanski život, na neko držanje-do-istinitog, na puku fenomenalnost svesti, znači poricati bit hrišćanskog. *U stvari, nije postojao čak ni jedan hrišćanin.* „Hrišćanin", ono što se posle dve hiljade godina naziva hrišćaninom, jeste samo psihološko samonerazumevanje. Tačnije gledano, vladali su u njemu, *uprkos* svoj „veri", *naprosto* instinkti – i kakvi instinkti! U svakom dobu „vera" je bila, na primer kod Lutera, samo plašt, izgovor, *zavesa,* iza koje su svoju igru igrali instinkti – jedno dovitljivo *slepilo* nad vladavinom izvesnih instinkata... „Vera – ja sam je već nazvao pravom hrišćanskom *dovitljivošću, lukavstvom* – stalno se govorilo o „veri", a stalno se *radilo* samo o instinktima... U mentalnom pak svetu hrišćanina, ne dešava se ništa što i stvarnost nije dotakla: nasuprot tome, u instinktivnoj mržnji *prema* svakoj stvarnosti prepoznali smo pokretački, jedini pokretački element u korenu hrišćanstva. Šta iz toga sledi? Da je ovde isto tako *in psychologicis* zabluda radikalna, to jest ona koja određuje bit, to jest *supstanca.* Izvucimo ovde *jedan* pojam, na njegovo mesto stavimo jednu jedinu realnost – i čitavo hrišćanstvo se kotrlja u ništavilo! Gledano s visine, ta najneobičnija od svih činjenica, jedna religija, određena ne samo zabludama, već dovitljiva i čak genijalna *jedino* u pogibeljnim, *jedino* u za život i srce otrovnim zabludama, ostaje *pozorišna igra za bogove* – za božanstva koja su u isti mah filozofi, i koja sam ja susreo, na primer, u onim čuvenim razgovorima na Naksosu.* U trenutku dok *mučnina* popušta u njima (i nama), oni su zahvalni za pozorišnu igru hrišćanina: jadna mala zvezda, koja se zove Zemlja, zaslužuje možda jedino radi ovog *retkog* slučaja božanski pogled, božansko sudelovanje... Ne potcenjujmo hrišćane: hrišćanin, lažan *do nevinosti,* daleko je iznad majmuna – što se tiče hrišćana, izvesna, poznata teorija porekla je puka ljubaznost...

40

Kobni udes Jevanđelja odlučen je smrću – raspet na „krst"... Tek smrt, ta neočekivana sramotna smrt, tek krst, koji je uglavnom bio čuvan za ološ – tek taj strašan paradoks stavio je učenike pred pravu zagonetku: *„ko je bio?, šta je bio?"* Potresno je i veoma duboko povređeno osećanje, podozrenje da bi takva smrt mogla da bude *obaranje* njihove stvari, strašan znak pitanja „zašto upravo na taj način?" – odviše dobro se shvata ovo stanje. Tu je sve *moralo* da bude nužno, da ima smisao, razlog, viši razlog; ljubav nekog učenika

---

* U *S one strane dobra i zla,* u aforizmu 295 stoji: „Prosta činjenica da Dionis jeste filozof i da bogovi takođe filozofiraju, izgleda da je novost..." – Prema napomeni francuskog prevodioca i komentatora *Antihrista* Dominika Tasela. *Prim. prev.*

ne zna za slučajnost. Tek se sada pomolila pukotina: „*ko* ga je ubio?, *ko* je bio njegov prirodni neprijatelj?“ – ovo pitanje sinulo je poput munje. Odgovor: *vladajuće* jevrejstvo, njegov najviši sloj. Od tog trenutka, osetilo se u pobuni *protiv* poretka, posle toga Isus se razmatrao *u pobuni protiv poretka.* Do tada, ove ratničke, ove crte koja govori Ne i provodi ga u delo, *nije bilo* u njegovoj slici; štaviše, on je bio njena suprotnost. Očito, mala zajednica *nije* razumela upravo glavnu stvar, ono što je primereno u ovom načinu umiranja, slobodu, *nadvisivanje* svakog poteza *ressentiment-a:* znak, kao što je ovaj, pokazuje koliko su oni malo od njega razumeli! Sam po sebi Isus nije mogao svojom smrću ništa drugo da želi nego, očigledno, da dá najjaču proveru, *dokaz* svog učenja... No njegovi učenici bili su daleko od toga da *oproste* tu smrt – što bi bilo ponajviše jevanđeljski; ili čak da sebi *ponude* sličnu smrt u blagom i ljubaznom spokoju srca... Upravo *osveta*, najmanje jevanđeljsko osećanje, izbilo je napolje. Bilo je nemoguće prihvatiti da je ovom smrću stvar okončana: bila je neophodna „odmazda“, „suđenje“, (pa, ipak, šta je manje jevanđeljski od „odmazde“, „kazne“, „sudskog procesa“!). Još jednom je u prvi plan došlo popularno očekivanje Mesije. Uočen je istorijski trenutak: „božje carstvo“ dolazi da sudi svojim neprijateljima... No time ništa više nije ostalo van nerazumevanja: „božje carstvo“ kao čin kraja, kao obećanje! Jevanđelje je bilo upravo egzistencija, ispunjenje, *stvarnost* tog „carstva“. Tačno takva smrt bila je upravo „božje carstvo“. Sada se tek u tip učitelja uneo sav prezir i ogorčenje prema farisejima i teolozima – i time se od njega *napravio* farisej i teolog! S druge strane, sumanuta odanost ovih razuzdanih duša nije više mogla da donosi onu jevanđeljsku ravnopravnost svakog da bude božje dete, koju je Isus podučavao, njihova osveta je bila da Isusa, preterano ga *uzvisivši* odvoje od sebe: sasvim kao ranije Jevreji, da bi se osvetili svojim neprijateljima odvajali su svog boga od sebe i dizali ga u visine. *Jedan* bog i *jedan* božji sin: oba proizvodi *ressentiment-a...*

41

I od tog trenutka izronjava apsurdan problem: „kako je Bog *mogao* to da dozvoli!" Na to je poremećeni um male zajednice našao prosto grozno apsurdan odgovor: bog je *žrtvovao* svog sina radi oproštaja grehova. Kao da je to najednom okončalo sa Jevanđeljem! *Žrtva za dug,* i to u njenom najdivljačnijem, najvarvarskijem obliku, žrtvovanje *nevinog* za grehove krivih! Kakav užasan paganizam! Isus je čak odbacio sam pojam „krivice" – osporio je svaku raselinu između boga i čoveka, on je *živeo* to jedinstvo boga i čoveka kao *njegovu* „radosnu vest"... A *ne* kao privilegiju! Od ovog trenutka se ulazi, korak po korak, u tip iskupitelja: učenje o sudu i o vraćanju, učenje o smrti kao žrtvovanju, učenje o *uskrsnuću,* sa kojim je čitav pojam „blaženstva", ukupna i jedina realnost Jevanđelja zabašurena – u korist stanja *posle* smrti!... Pavle je ovo tumačenje, tu *razvrat* od tumačenja, logički sistematizovao sa onom rabinskom bezočnošću koja ga je u svemu krasila: „ako Hristos nije uskrsao iz mrtvih, onda je naša vera prazna". I najednom je od Jevanđelja postalo najprezirnije od svih neispunjivih obećanja, *bezočno* učenje o besmrtnosti ličnosti... Sam Pavle podučavao ga je još kao *nagradu!...*

42

Vidi se *šta* bi na kraju bilo sa smrću na krstu: nova, poptuno izvorna postavka za jedan budistički pokret za mir, za stvarnu, *ne* samo obećavanu *sreću na zemlji.* Jer, to je – već sam naglasio – osnovna razlika između

49

obe *décadence*-religije: budizam ne obećava, već ispunjava, hrišćanstvo sve obećava, *ali ništa ne ispunjava.* „Radosna vest" u stopu je pratila ono *najgore od svega:* ono Pavlovo. U Pavlu se otelovljava tip suprotan „radosnom vesniku", genije u mržnji, u viziji mržnje, u nezahvalnoj logici mržnje. *Šta* sve za mržnju nije žrtvovao ovaj dysangelist! Pre svega, iskupitelja: on ga je raspeo na *svoj* krst. Život, primer, poruka, smrt; smisao i pravo celog Jevanđelja – ništa više nije postojalo kada je ovaj krivotvoritelj shvatio da je mržnja jedino što bi mogao da upotrebi. *Ni* realnost, *ni* istorijska istina!... I ponovo je sveštenički instinkt Jevrejina počinio isti veliki zločin nad istorijom – jučerašnjicu, prekjučerašnjicu hrišćanstva on jednostavno precrtava i *za sebe izmišlja istoriju pravog hrišćanstva.* Štaviše: on ponovo prepravlja istoriju Izraela da bi je predstavio kao predistoriju *svoje* stvari: svi su proroci govorili o *njegovom* „iskupitelju"... Crkva docnije krivotvori čak istoriju čovečanstva u predistoriju hrišćanstva... Tip iskupitelja, učenje, praksa, smrt, smisao smrti, čak i ono što prati smrt – ništa nije ostalo netaknuto, nije ništa ostalo ni od onoga što je samo nalik stvarnosti. Pavle je jednostavno pomerio težište ukupnog postojanja *iza* tog postojanja – u *laž* o „uskrslom" Isusu. U osnovi, on uopšte nije mogao da upotrebi život iskupitelja – trebala mu je samo smrt na krstu *i* još nešto više... Jedan Pavle, čiji je zavičaj bio sedište prosvećenog stoicizma, držao je za časno da od jedne halucinacije napravi *dokaz* za iskupiteljevo *nadživljavanje,* ili pak da pokloni poverenje njegovoj priči da je imao tu halucinaciju, što bi bila prava *niaiserie** da potiče od nekog psihologa: Pavle je hteo cilj, *dakle* hteo je i sredstva... Ono u šta on sam nije verovao, idioti među koje je širio *svoje* učenje verovali su. *Njemu* je trebala *moć;* sa Pavlom, sveštenik je onaj koji je hteo opet do moći – to je mo-

---

* Na francuskom u izvorniku. *Niaiserie* znači *glupost,* budalaština. *Prim. prev.*

gao postići samo konceptima, doktrinama, simbolima kojima se tiranišu mase, formiraju stada. *Šta* je kasnije Muhamed jedino pozajmio od hrišćanstva? Pavlov izum, njegovo sredstvo za svešteničku tiraniju, za formiranje stada: verovanje u besmrtnost – *to jest učenje o „sudu"*...

43

Kada se težište života pomerilo u „onostranost" – u *ništavilo* – onda se, sasvim prosto, životu oduzelo težište. Velika laž o besmrtnosti ličnosti razara svaku umnost, svaku prirodu u instinktu – sve što je delatno, životvorno, što jemči budućnost u instinktima, izaziva ubuduće nepoverenje. Živeti na *takav* način da više nema nikakvog *smisla* živeti, to je sada „smisao" života... Čemu duh za zajednicu, čemu još zahvalnost za poreklo i prethodnike, čemu sarađivati, solidarisati se, sticati neko opšte dobro i brinuti se oko njega?... Tolika „iskušenja", tolika skretanja s „pravog puta" – *„jedno je nužno"*... Da svako, kao „besmrtna duša", ima isti rang sa svakim, da u sveukupnosti svih bića „spas" *svakog* pojedinog sme da polaže pravo na večitu važnost, da mali durljivci i tričetvrtine ćaknuti smeju da uobražavaju da su zbog njih stalno *pobijani* prirodni zakoni – takvo pojačavanje do beskraja, do *beščašća*, svih vrsta samoljublja ne može da se žigoše sa dovoljno prezira. Pa ipak, *ovoj* laski, šupljoj nadmenosti ličnosti, zahvaljuje hrišćanstvo za svoju *pobedu* – upravo time su namamljeni svi promašeni, pobunjeničkog duha, koji su pošli rđavim putem, sav ološ i talog čovečanstva. „Spas duše" – drugim rečima: „svet se okreće oko *mene*"... Otrov učenja *„jednaka* prava za sve" – nikada niko nije to tako temeljno ukorenio kao hrišćanstvo. Iz najskrovitijih uglova rđavih instinkata hrišćanstvo je vodilo rat do smrti protiv svakog osećanja poštovanja i distance između dva čoveka, to jest protiv *pretpostavke* svakog uzdizanja, svakog rasta kulture – od *ressentiment-a* masa skovalo je sebi svoje *glavno oružje* protiv *nas*, protiv svega što drži do sebe, svega radosnog, plemenitog na zemlji, protiv naše sreće na zemlji... „Besmrtnost" uručena Petru i Pavlu, taj ustupak je do danas najveći, najzlokobniji atentat protiv čovečanstva koje *drži do sebe*. I ne potcenjujemo zlu sudbinu koja se, počev sa hrišćanstvom, ušunjala u politiku! Niko danas više nema hrabrosti za posebna prava, za vladarska prava, za osećanje poštovanja pred sobom i svojim bližnjim – za *pathos distance*... Naša politika je *bolesna* od ovog nedostatka hrabrosti! Aristokratski mentalitet bio je najdublje podriven lažju o jednakosti duša. A kada vera, na osnovu „povlastice većine" pravi, i *praviće,* revolucije – hrišćanstvo je, neka se ne sumnja u to, *hrišćanska* suđenja o vrednostima su ono što svaku revoluciju naprosto pretvore u krv i zločin! Hrišćanstvo je pobuna svih puzavaca protiv *uspravnosti:* Jevanđelje „niskih" *vuče* dole...

44

Jevanđelja su neprocenjiva kao dokument o već razbujaloj korupciji *unutar* prve hrišćanske zajednice. Ono što je Pavle kasnije, sa logičkim cinizmom rabina, doveo do kraja, bio je međutim, samo proces raspadanja koji je započeo smrću iskupitelja. Ova jevanđelja ne mogu se čitati dovoljno obazrivo; iza svake njihove reči krije se mnoštvo teškoća. Priznajem, oprostiće mi se, da su ona upravo zbog toga zadovoljstvo prvog reda za nekog psihologa – kao *suprotnost* svakoj naivnoj pokvarenosti, kao prepredenost *par exellence,* kao visoko majstorstvo u psihološkoj pokvarenosti. Jevanđelja stoje za sebe. Biblija uopšte ne podnosi nikakvo poređenje. Ber među Jevrejima: *prvo* gledište, da ne bismo ovde sasvim izgubili nit. Dosegnuvši upravo do genija, i ne stupajući inače među knjige i ljude, ovo samopremeštanje u „sveto", ovo jezičko i gestualno krivotvorenje kao *umetnost* nije slučajnost nekog pojedinačnog dara, nekog prirodnog izuzetka. Za tu svrhu je potrebna *rasa*. U hrišćanstvu je, kao umetnosti svetog laganja, čitavo jevrejstvo; u njemu je viševekovnim, arhiozbiljnim šegrtovanjem jevrejska tehnika dovedena do krajnjeg majstorstva. Hrišćanin je, taj *ultima ratio* laži, još jedanput Jevrejin – čak *tri puta*... Volja da se u načelu primenjuju samo pojmovi, simboli i stavovi koji su dokazani svešteničkom praksom, instinkt za isključivanje svake *druge* prakse, svake *druge* perspektive vrednosti i korisnosti – to nije samo tradicija, već baština: samo kao *baština* deluje ono poput prirode. Celokupno čovečanstvo, najbolje glave najboljih vremena (izuzev jedne koja je možda, jednostavno, čudovište) dozvolile su da se prevare. Jevanđelje se čitalo kao *knjiga nevinosti*... ni najmanji pokazatelj za majstorstvo sa kojim se tu glumilo. Svakako, ako bi nam bilo dato da ih *vidimo,* ma i samo uzgred, sva ta čudesna izmotavala i nazovi svece, onda bi to bilo na kraju – i upravo zbog toga, jer *ja* ne mogu da pročitam niti jednu reč a da ne vidim gestove, *okončavam sa njima*... Na izvestan način ne mogu da podnesem da dignem oči prema njima. Na sreću, većina knjiga je puka *literatura*... Ne sme se dozvoliti da se luta: „Ne sudi!" vele oni, ali sve što im stoji na putu šalju u pakao. Time što dopuštaju da bog sudi, oni su ti koji sude; time što veličaju boga, veličaju sami sebe; time što zahtevaju vrline za koje su baš oni sposobni – štaviše, koje su im neophodne da bi uopšte ostali gore – prave se kao da se bore za vrlinu, da biju bitku za vladavinu vrline. „Živimo, umiremo, žrtvujemo se *za dobro* („istina", „svetlost", „božje carstvo"): u stvari, čine ono što ne bi mogli sebi da dozvole. Time što se šunjaju kao pritvorice, sede po ćoškovima, muvaju se u senci kao senke, prave od toga *dužnost:* kao dužnost, njihov život izgled skrušen, a kao skrušenost on je dokaz više za pobožnost... Ah, ta skrušena, neporočna, ucveljena vrsta lažljivosti! „Sama vrlina biće naš svedok“... Jevanđelja treba čitati kao knjige zavođenja *moralom:* ti mali ljudi su okovali moral – znaju oni u čemu je priča sa moralom! Moral je najbolje sredstvo da se čovečanstvo *obezliči!* Realnost je da najsvesnija *odluka za sujetu* izigrava ovde skromnost: jednom zauvek, *same sebe,* „zajednicu“, „dobre i pravedne“ stavili su na jednu stranu, stranu „istine“ – a ostatak, „svet“, na drugu... Bila je *to* najsudbonosnija vrsta ludila koja je do sada postojala na zemlji: male nakaze, prepredenjaci i lažovi započinju da bespravno koriste pojmove „Boga“, „istine“, „svetlosti“, „duha“, „ljubavi“, „mudrosti“, „života“, tako reći kao sinonime za sebe, da bi time zagradili „svet“ od sebe, mali superlativni Jevreji, zreli za ma koju ludnicu, svode sve vrednosti na sebe, kao da bi tek „hrišćanin“ bio smisao, so, mera, pa čak i *poslednji sud* celokupnog ostatka... Da bi čitav ovaj udes bio moguć, trebalo je da u svetu već postoji neka srodna, srodna po rasi, vrsta ludila, *jevrejska:* čim je jednom izbila pukotina između Jevreja i hrišćanskih Jevreja, poslednjima nije ostao nikakav drugi izbor nego da primene iste postupke samoodržanja koje savetuje jevrejski instinkt, ali ovog puta *protiv* samih Jevreja koji su ih do sada primenjivali samo protiv svega što je *ne*-jevrejsko. Hrišćanin je samo Jevrejin „*slobodnije“* ispovesti.

45

Dajem nekoliko primera šta su ovi mali ljudi sebi utuvili u glavu, šta su *stavili u usta* njihovom učitelju: same ispovesti „dobre duše“.

„I ako vas ko ne primi i ne posluša vas, izlazeći odande otresite prah s nogu svojijeh za svjedočanstvo njima.

Zaista vam kažem: lakše će biti Sodomu i Gomoru na sudnji dan nego gradu onome" (Marko, 6,11)* – Koliko *jevanđeljski!...*

„A koji sablazni jednoga od ovijeh malijeh koji vjeruju mene, bolje bi mu bilo da se objesi kamen vodenični o vratu njegovu i da se baci u more" (Marko, 9,42). – Koliko *jevanđeljski!...*

„Ako te i oko tvoje sablažnjava, iskopaj ga: bolje ti je s jednijem okom ući u carstvo Božije, negoli s dva oka da te bace u pakao ognjeni" (Marko, 9,47). – Nije reč baš o oku...

„I reče im: zaista vam kažem: imaju neki među ovima što stoje ovdje koji neće okusiti smrti dok ne vide carstvo Božije da dođe u sili" (Marko 9,1). – Dobro *slaga,* lav...

„Ko hoće za mnom da ide neka se odreče sebe i uzme krst svoj, i za mnom ide. Jer..." (*Napomena psihologa.* Hrišćanski moral je opovrgnut njihovim *Jer:* njihovi „razlozi" opovrgavaju – takav je hrišćanski način.) Marko 8,34.

„Ne sudite da vam se ne sudi. Kakovijem sudom sudite, onakovijem će *vama* suditi" (Matej 7,1). – Kakav pojam o pravdi, o „pravednom" sudiji!...

„Jer ako ljubite one koji vas ljube, *kakovu platu imate?* Ne čine li to i carinici? I ako Boga nazivate samo svojoj braći, *šta činite izuzetno?* Ne čine li tako i neznabošci?" (Matej 5,46). – Načelo „hrišćanske ljubavi": na koncu konca, ona hoće da bude dobro *naplaćena...*

„Ako li ne opraštate ljudima grijeha njihovijeh, ni otac vaš neće oprostiti vama grijeha vašijeh" (Matej 6,15). – Veoma kompromitujuće za pomenutog „oca"...

„Nego ištite najprije carstva Božijega , i pravde njegove, i ovo će vam se sve dodati" (Matej 6,33). – Sve:

---

* Svi navodi iz jevanđelja ovde su dati prema prevodu Vuka Stef. Karadžića. *Prim. prev.*

naime hrana, odeća, sve životne potrebe. Skromno rečeno, *zabluda*... Malo pre toga bog se pojavljuje kao krojač, bar u izvesnim slučajevima...

„Radujte se u onaj dan i igrajte, *jer* gle, vaša je velika plata na nebu. Jer su tako činili prorocima ocevi njihovi" (Luka 6,23). – Besramna žgadija! Već se poredi sa prorocima...

„Ne znate li da ste vi crkva Božija, i duh Božji u vama? Ako ko pokvari crkvu Božiju, *pokvariće njega Bog:* jer je crkva Božija sveta, a *to ste vi*" (Pavle, Prva poslanica Korinćanima 3,16). – Za to se nema dovoljno prezira...

„Ne znate li da će sveti suditi svijetu? Kad ćete dakle *vi* svijetu suditi: nijeste li vrijedni suditi manijem stvarima?" (Pavle, Prva poslanica Korinćanima 6,2). – Nažalost, nije li to samo govor jednog stanovnika ludnice... Reč po reč, taj *užasni varalica* nastavlja: „Ne znate li da ćemo *mi* anđelima suditi, a kamoli stvarima ovoga svijeta!"...

„Ne pretvori li Bog premudrost ovoga svijeta u ludost? Jer budući da u premudrosti Božijoj ne pozna svijet premudrošću Boga, bila je Božija volja da ludošću propovedanja spase one koji vjeruju...; nema ni mnogo premudrijeh po tijelu, ni mnogo silnijeh, ni mnogo plemenitijeh. Nego što je ludo pred svijetom *ono izabra Bog* da posrami premudre; i što je slabo pred svijetom ono izabira Bog da posrami jako; i što je neplemenito pred svijetom i uništeno izabra Bog, i što nije, da uništi ono što jest, da se pred njim ne pohvali nijedno tijelo" (Pavle, Prva poslanica Korinćanima 1,20 i d.) – Da bi se *razumelo* ovo mesto, svedočanstvo prvog reda za psihologiju čandala-morala, treba pročitati prvu raspravu moje *Genealogije morala:* u njoj je prvi put osvetljena suprotstavljenost *otmenog* i čandala-morala rođenog iz *ressentiment-a* i nemoćne osvetoljubivosti. Pavle je bio najveći od svih apostola osvete...

Šta iz toga sledi? De je dobro navući rukavice kada se čita Novi zavet. Blizina tolike nečistoće bezmalo prisiljava na to. „Prve hrišćane" bi izbegavali kao i poljske Jevreje: ne zbog toga što bi protiv njih imali manje prigovora... I jedni i drugi zaudaraju. Uzalud sam u Novom zavetu u zasedi vrebao ma i samo jednu simpatičnu crtu; ničeg iskrenog, dobrostivog, srdačnog, pravednog. Čak ni ovde još nije prvi početak čovečanstva – nedostaje instinkt za *čistoću*... U Novom zavetu postoje samo *rđavi* instinkti, hrabrosti nema, pa ni za te rđave instinkte. Sve je kukavičluk, zatvaranje očiju i samoobmana. Nakon čitanja Novog zaveta svaka knjiga izgleda čista. Primera radi, čitao sam neposredno posle Pavla onog najljupkijeg, najobesnijeg podrugljivca Petronija, o kome bi se moglo reći ono što je Domeniko Bokačo napisao parmskom vojvodi o Čezaru Bordžiji: „*é tutto festo*" – besmrtno zdrav, besmrtno vedar i čio... Naime, ta mala izmotavala preračunala su se u glavnoj stvari. Oni napadaju, ali sve što su napali time je *obeleženo*. Koga napadne „prvi hrišćanin", to on *ne* prlja... Obrnuto: čast je suočiti se sa „prvim hrišćaninom". Novi zavet se ne čita bez naklonosti za ono što se u njemu zlostavlja – a da se i ne govori o „mudrosti ovoga sveta" koju neki drzoviti vetrogonja zaludno pokušava da smeša sa „ludilom propovedanja"... No i fariseji i književnici imaju svoj udeo u takvom neprijateljstvu: oni mora da su već bili nešto vredno da bi predstavljali predmet tako neprilične mržnje. Dvoličnost – to bi bio prekor koji su „Prvi hrišćani" smeli da im upute! Najposle, bili su *privilegovani sloj:* ovo je dovoljno i nikakav razlog nije više potreban za mržnju čandale. „Prvi hrišćanin" – a plašim se, i „poslednji", *koga će mi biti dato možda da vidim* – jeste, iz najdubljih instinkata, pobunjenik protiv svih vrsta privilegovanih – on živi, on se uvek bori za *„jednaka prava"*... Tačnije uzev, on ne-

ma izbora. Samim tim što za sebe lično hoće da je „bo-
žji izabranik" – ili „hram božji", ili „sudija anđela" – ta-
da je svaki *drugi* princip izbora, na primer prema is-
pravnosti, prema duhu, prema muževnosti i ponosu,
prema lepoti i slobodi srca, jednostavno „svet" – *zlo po
sebi*... Pouka: svaka reč u ustima nekog „prvog hrišća-
nina" jeste laž, svako delanje instinkt krivotvorenja –
sve njegove vrednosti, svi njegovi ciljevi su štetočinski,
ali *koga* on mrzi, *šta* mrzi, *ima vrednost*... Hrišćanin je,
naročito hrišćanin-sveštenik, *kriterijum vrednosti*... Da
li da dodam, da u čitavom Novom zavetu postoji samo
jedna *jedina* figura vredna poštovanja? Pilat, rimski na-
mesnik. Niko ga nije mogao uveriti da *ozbiljno* shvati
neku jevrejsku prepirku. Jevrejin više ili manje – šta
mari?... Otmeni podsmeh jednog Rimljanina, pred ko-
jim izmiče bestidna zloupotreba reči „istina", obogatila
je Novi zavet jedinom reči *koja vredi* – koja je njena kri-
tika, čak njeno *poricanje:* „šta je istina!"...

47

Ono što *nas* razdvaja nije činjenica da nikakvog boga
ne nalazimo ponovo ni u istoriji, ni u prirodi, niti iza pri-
rode – već da ono što je poštovano kao bog ne osećamo
kao „božansko", nego kao dostojno žaljenja, apsurdno,
kao štetno, ne samo kao zabludu, već kao *zločin protiv ži-
vota*... Osporavamo boga kao Boga... Kada nam se *doka-
zuje* ovaj bog hrišćana, umemo da još manje verujemo u
njega. U formuli: *deus, qualem Paulus creavit, dei nega-
tio.** Religija koja, kao hrišćanstvo, nema nijedne dodir-
ne tačke sa stvarnošću, koja je sklona padu čim ma samo
i u jednoj tački stvarnost položi svoje pravo na nju, mo-
ra, sasvim razumljivo, da bude smrtni neprijatelj „sve-
tovne mudrosti", što će reći *nauke* – za nju su sva sred-

---

* *Bog, kakvog je stvorio Pavle, jeste poricanje boga. Prim.
prev.*

stva dobra koja joj mogu poslužiti da zatruje, okleveta, *opozove* disciplinu duha, čistotu i strogost u stvarima duhovne savesti, otmenu hladnoću i slobodu duha. „Vera" kao imperativ jeste *veto* na nauku – *in praxi*, laž po svaku cenu... Pavle *shvata* da je laž – da je „vera" nužna; Crkva docnije pristaje uz Pavla. Taj bog kojeg je za sebe izumeo Pavle, bog koji „sramoti svetovnu mudrost" (u strogom smislu, obe velike protivnice svakog praznoverja, filologija i medicina), jeste doista samo rezolutna odluka samog Pavla: nazvati „Boga" svojom sopstvenom voljom, *thora*, jeste prajevrejski. Pavle *hoće* da oskvrni „svetovnu mudrost": njegovi neprijatelji su *dobri* filolozi i lekari aleksandrijske škole – njima on objavljuje rat. U stvari, nema filologa ni lekara a da u isti mah nisu i *antihrišćani*. Filološki je, naime, gledati *iza* „svetih knjiga", lekarski – *iza* fiziološke propalosti tipičnog hrišćanina. Lekar veli „neizlečivo", filolog „podvala"...

48

Da li se ispravno razumela čuvena povest s početka Biblije – o paklenom strahu boga pred *naukom?*... Nije se razumela. Ova sveštenička knjiga *par exellence* počinje, sasvim primerno, velikom unutrašnjom teškoćom sveštenika: *on* zna za samo *jednu* veliku opasnost, *dakle* „Bog" zna za samo *jednu* veliku opasnost.

Stari bog, u celosti „duh", prvosveštenik, sav savršenstvo, dangubi po svojim vrtovima: samo se dosađuje. Sam bog se uzalud bori protiv dosade. Šta radi? Izmišlja čoveka – čovek je zabavan... Ali gle, i čovek se dosađuje. Božje sažaljenje zbog jedine nezgode, koju u sebi poseduju svi rajevi, bezgranična je: on smesta stvori druge životinje. *Prvi* božji promašaj: čovek ne nalazi da su životinje zabavne – vlada nad njima i nijednom nije poželeo da bude „životinja". Otuda, bog stvori ženu. I u stvari, sa dosadom bi kraj – ali i sa nečim drugim još! Žena je bila *drugi* božji promašaj. „Žena je po svojoj biti zmija, Heva" – to zna svaki sveštenik; „od žene potiču *sve* nesreće sveta – i to zna svaki sveštenik. „*Otuda* od nje potiče i nauka"... Tek je žena podučila čoveka da proba sa drveta saznanja. Šta se dogodilo? Starog boga hvata pakleni strah. Sam čovek je postao njegov *najveći* promašaj, stvorio je sebi protivnika, nauka *izjednačava sa bogovima* – kada čovek postaje naučan završeno je sa sveštenicima i bogovima! *Pouka:* nauka je zabranjeno po sebi – ona je jedina zabranjena. Nauka je *prvi* greh, klica svih grehova, *iskonski* greh. *To je jedina pouka.* „Ne treba da saznaješ" – ostalo sledi iz toga. Pakleni strah nije omeo boga da bude dovitljiv. Kako da se *bori* protiv nauke? To je zadugo bilo njegov glavni problem. Odgovor: napolje iz raja sa čovekom! Sreća, dokolica dovodi do misli – sve misli su rđave misli... Čovek ne *treba* da misli. I „sveštenik po sebi" izmišlja nevolju, smrt, smrtnu opasnost u trudnoći, bedu svake vrste, starost, brige, *bolest* pre svega – sve sama sredstva za borbu protiv nauke! Nevolja ne *dozvoljava* čoveku da misli... Pa ipak!, kakava strahota! Rad saznavanja stremi uvis, napadajući nebo, zatavnjujući bogove – što da se radi! Stari bog izmišlja *rat*, razdvaja narode, čini da se ljudi uzajamno uništavaju (sveštenicima je uvek bio potreban rat...). Rat – između ostalog, žestoki razdor mira nauke! Neverovatno! Saznanje, *emancipacija od sveštenika*, razvija se čak i uprkos sveštenika. I poslednju odluku donosi stari bog: čovek posta naučan – *ništa ne pomaže, mora se potopiti!*"...

49

Razumeli ste me. Početak Biblije sadrži *čitavu* psihologiju sveštenika. Sveštenik poznaje samo *jednu* veliku opasnost: nauku – zdravo poimanje uzroka i posledice. Ali, nauka se razvija, u većini, samo u srećnom sticaju prilika – treba imati vremena, treba imati duha *napretek* da bi se „saznavalo“... *Otuda* čoveka treba učiniti nesrećnim“ – u svakom dobu to je bila logika sveštenika. Pogađa se već *šta* je, saglasno ovoj logici, onda došlo na svet – *„greh“*... Pojam krivice i kazne, sav „moralni poredak sveta“, izmišljen je *protiv* nauke – *protiv* razlučivanja čoveka od sveštenika... Čovek ne treba van sebe, on treba u sebe da gleda; *ne* treba dovitljivo i oprezno, kao onaj koji uči, da gleda u stvari, on čak uopšte ne treba da gleda: treba da *pati*... I treba da pati na taj način da mu je svakog trenutka potreban sveštenik. Lekari neka se nose! *Spasitelj treba*. Pojam krivice i kazne, kao i učenje o „milosti“, „iskupljenju“, „oproštaju“ – *laži* skroz naskroz, bez ikakave psihološke realnosti – izmišljene su da bi se u čoveku razorio *smisao uzroka:* oni su atentat na pojam uzroka i posledice! *Ne* atentat sa pesnicom, sa nožem, sa čestitošću u mržnji i ljubavi! Nego iz najkukavičkijih, najpodmuklijih, najnižih instinkata! *Sveštenički* atentat! *Parazitski* atentat! Vampirizam bledih podzemnih krvopija!... Kada prirodne posledice nekog čina nisu više „prirodne“, već ih se misli izvedene sablasnim pojmovima praznoverja, „bogom“, „duhovima“, „dušama“, kao puke „moralne“ konsekvencije, kao nagradu, kaznu, opomenu, sredstvo vaspitanja, onda je razorena pretpostavka za saznavanje – *onda se izvršio najveći zločin protiv čovečanstva*. Još jednom greh, taj oblik samoskrnavljenja čovečanstva *par exellence,* izmišljen je da bi onemogućio nauku, kulturu, svaki uspon i samopoštovanje čoveka. Sveštenik *vlada* pomoću izuma greha.

50

Ne propuštam da ovde napravim jednu psihologiju „vere“, „vernika“, u korist, kao što je pravo, samih „vernika“. Ako danas još ima takvih koji ne znaju koliko je *neprilično* biti „vernik“ – ili belega *décadence,* naprsle volje za životom – sutra će već znati. Moj glas seže i do onih tvrdih na ušima. Izgleda, ako nisam loše čuo, da među hrišćanima postoji neka vrsta kriterijuma istine koja se naziva „dokaz snagom". „Vera čini blaženim: *dakle,* istinita je." Ovde bi se najpre moglo primetiti da upravo stvaranje blaženstva nije dokazano već samo *obećano;* blaženstvo vezano za uslov „vere" – *mora* se biti blažen, *pošto* se veruje... Ali, čime se dokazuje *da* će stvarno nastupiti, svakoj kontroli nepristupačna, „onostranost" koju sveštenik obećava verniku? Tobožnji „dokaz snagom" jeste, dakle, u osnovi, opet samo vera da neće izostati dejstvo koje vera obećava. U formuli: „Verujem da vera čini blaženim – *dakle* istinita je." No, time smo već na kraju. Ovo „dakle" bilo bi sam *absurdum* kao kriterijum istine. Ali ako, sa nešto popustljivosti, pretpostavimo da je postizanje blaženstva dokazano verom (*ne* samo željeno, *ne* samo puko obećanje u pomalo nepouzdanim ustima sveštenika): da li bi blaženstvo – rečeno više tehnički, *zadovoljstvo* – bilo ikada dokaz za istinu? Tolicno, da bezmalo predstavlja protivdokaz, u svakom slučaju najviše podozrenje u „istinu", samim tim što u raspravi pitanja „šta je istinito?" saodlučuju osećanja zadovoljstva. Dokaz po „zadovoljstvu" dokazuje zadovoljstvo" – i ništa više; otkuda, ma plaćalo se sve u svetu suvim zlatom, da baš *istiniti* sudovi pričinjavaju više zadovoljstva nego lažni i da neminovno, prema nekoj prestabiliranoj harmoniji, povlače za sobom prijatne osećaje? Iskustvo svih strogih, svih dubokih duhova uči *obrnuto.* Svaka stopa istine mora se osvajati borbom, moraju se, naprotiv, dići ruke gotovo od svega za šta je inače vezano srce, naša ljubav, naše poverenje u život. Za to je neophodna duševna veličina: služba istini je najsurovija služba. Jer, šta znači biti *u pravu* u stvarima duha? Biti strog sa svojim srcem, prezirati „lepa osećanja" na svakom Da i Ne praviti ispit savesti!... Vera čini blaženim: *dakle* laže...

Da vera pod izvesnim okolnostima čini blaženim, da blaženstvo još ne pretvara neku fiksnu u *istinitu* ideju, da vera ne pomera nikakva brda, no ih zapravo postavlja tamo gde ih nema: ovlašna šetnja *ludnicom* dovoljno objašnjava gorepomenuto. Razume se, *ne* svešteniku jer on instinktivno poriče da je bolest bolest, ludnica ludnica. Hrišćanstvu je *potrebna* bolest, otprilike kao što je starim Grcima bio potreban višak zdravlja – *zaražavati* bolešću jeste prava pozadina čitavog proceduralnog sistema crkvenog spasa. A sama crkva – nije li joj katolička ludnica najviši ideal? Celokupna zemlja kao ludnica? Religiozni čovek, kakvog *hoće* crkva, jeste tipični *décadent;* trenutak u kojem religiozna kriza zagospodari nekim narodom uvek je obeležen neurotičkim epidemijama. „Unutrašnji svet" religioznog čoveka toliko sliči „unutrašnjem svetu" prenadraženih i izmoždenih da ih je nemoguće razlikovati. „Najviša" stanja, koja je hrišćanstvo razastrlo kao vrednost nad vrednostima preko čovečanstva, jesu epileptički oblici – crkva je kanonizovala samo bezumnike *ili* velike varalice *in majoram dei honorem*... Dozvolio sam sebi jednom da čitav hrišćanski *training* pokajanja i iskupljenja (koji se danas najbolje da izučavati u Engleskoj) označim kao metodično proizvođenje *folie circulaire,** razume se, na već pripremljenom, to jest iz osnova morbidnom tlu. Niko ne može slobodno da izabere da bude hrišćanin: na hrišćanstvo se ne „prelazi" – za to je neophodno da se bude dovoljno bolestan... Mi ostali koji imamo *odvažnosti* za zdravlje i, takođe, za prezir, kako smemo da *mi* preziremo religiju koja podučava nerazumevanje tela!, koja neće da pusti iz zuba praznoverje duše!, koja od nedovoljne uhranjenosti pravi „zaslugu"!, koja u zdravlju nalazi i suzbija neku

---

* Na francuskom i u izvorniku. Znači *kružno ludilo. Prim. prev.*

vrstu neprijatelja, đavola, iskušenja, koja uobražava da se „savršena duša" može nositi okolo u nekom lešu od tela i da bi za to trebalo napraviti novi pojam „savršenstva", neko bledunjavo, bolesno, idiotski zanesenjačko biće, tobožnju „svetost" – svetost, naprosto lanac simptoma osiromašenog, neurotiziranog, neizlečivo iskvarenog tela!... Hrišćanski pokret kao evropski pokret najpre je opšti pokret izmeta i otpadaka svih vrsta (oni bi hteli sa hrišćanstvom do moći). On *ne* izražava propadanje jedne rase, već je obrazovanje agregata oblika *décadence* koje se sažimaju i traže na sve strane. Hrišćanstvo *nije*, kako se veruje, omogućeno pokvarenošću samog antičkog sveta, *otmene* Antike: ne može se dovoljno surovo opovrgnuti učeni idiotizam koji i danas još podržava takvo mišljenje. U doba kada su se bolesni i iskvareni čandala-slojevi hristijanizovali širom čitave *imperium,* upravo je *protivtip,* otmenost, bio otelovljen u svom najlepšem i najzrelijem liku. Većina je postala gospodar; demokratizam hrišćanskog instinkta *slavi pobedu...* Hrišćanstvo nije bilo „nacionalno", niti uslovljeno rasom – ono se okreće svim vrstama razbaštinjenja života, svuda je imalo svoje saveznike. U osnovi hrišćanstva počiva pizma bolesnih, i instinkte je uperilo *protiv* zdravih, *protiv* zdravlja. Sve uspešno, ponosito, srčano, lepota pre svega, para im uši i oči. Još jednom podsećam na nedostojnu Pavlovu reč: „Što je *slabo* u svetu, što je *ludo* u svetu, što je *neplemenitog roda* i *prezreno* u svetu to Bog izabira", to je bila formula *in hoc signo** je slavila pobedu *décadence. Raspeti* bog – ne razume li se još uvek užasna pozadina ovog simbola? Sve što pati, sve što je raspeto, jeste *božansko...* Svi smo mi raspeti na krstu, stoga smo božanski... Jedino mi smo božanski... Hrišćanstvo je bilo pobeda, *otmeno* ubeđenje je jenjavalo u njemu – ono je bilo do sada najveća nesreća čovečanstva...

---

* Lat. – ovde u značenju: *pod kojom. Prim. prev.*

Hrišćanstvo stoji, takođe, nasuprot svih *duhovnih* postignuća – samo bolestan um *može* da se upotrebi kao hrišćanski um, ono staje na stranu svega idiotskog, proklinje „duh", *superbiu*[*] zdravog duha. Budući da bolest pripada biti hrišćanstva, *mora* i tipično-hrišćansko stanje, „vera", da bude oblik bolesti, i sve prave, valjane, naučne puteve do saznanja crkva *mora* da odbaci kao *zabranjene* puteve. Sumnja je već greh... Potpuni nedostatak psihološke čistoće kod sveštenika – koja se nagoveštava u pogledu – jeste *posledična* pojava *décadence*. Histerične devojčure, s druge strane rahitična deca, prilike su da se zapazi sa koliko pravilnosti su instinktivna lažnost, zadovoljstvo u laganju radi laganja, nesposobnost za prav pogled i korak, izraz *décadence*. „Verovati" znači ne-znati-*hteti* ono što je istinito. Pijetist, sveštenik obaju polova, jeste lažan, *jer* je bolestan: njegov instinkt *zahteva* da istina ni na kojoj tački ne zadobije svoje pravo. „Što razboleva, *dobro* je; što potiče iz obilja, preticanja, od moći, *zlo* je": tako oseća vernik. *Nesloboda radi laži* – po tome prepoznajem svakog predodređenog teologa. Drugo obeležje teologa je njegova *nesposobnost za filologiju*. Pod filologijom, u jednom veoma opštem smislu, treba ovde razumeti veštinu dobrog čitanja – moći pročitati činjenice a da se one ne iskrivotvore intepretacijom, da se u žudnji za razumevanjem *ne* iskrivotvore interpretacijom, da se u žudnji za razumevanjem *ne* izgubi oprez, strpljivost, istančanost. Filologija kao *ephexis*[**] u interpretaciji: bilo da je reč o knjigama, o novinskim vestima, o sudbinama ili meteorološkim podacima – ne govoriti o „spasu duše"... Način na koji neki teolog, svejedno da li berlinski ili rimski, izlaže „pisanu reč" ili doživljaj, na primer neku pobedu otadžbinske vojske u svetlosti Davidovih psalama, uvek je toliko *drzak* da filolog pri tome *đipa* do ta-

---

[*] Lat. – gordost. *Prim. prev.*
[**] G. – postupnost. *Prim. prev.*

vanice. I šta da učini kada pijetisti i druga goveda iz švapske zemlje jadnu svakodnevicu i domaće ognjište njihove egzistencije „prstom božjim" podešavaju u čudo „milosti", „proviđenja", „iskustva spasa"! Najskromniji utrošak duha, da ne kažemo *pristojnosti* morao bi da uveri ove tumače da je takva zloupotreba božanske spretnosti prstiju sasvim detinjasta i nedolična. Čak i ako bi u telu postojala mala mera pobožnosti, bog, koji bi na vreme lečio od kijavice i u trenu pomogao da se popnemo u karuce upravo kada nailazi provala oblaka, takav bog bi bio toliko apsurdan da bi ga trebalo uništiti čak i da postoji. Bog kao sluga, kao pismonoša, kao živi kalendar – u osnovi, termin za najbedastiju od svih slučajnosti... „Božansko proviđenje", u kakvo još i danas veruje otprilike svako treće lice u „obrazovanoj Nemačkoj", bio bi toliko jak prigovor protiv boga da se jači ne bi mogao smisliti. A u svakom slučaju, on je prigovor protiv Nemaca!...

53

Da *mučenici* dokazuju nešto što se tiče istine neke stvari toliko je malo istinito da bih mogao da poreknem da je ikada ijedan mučenik imao išta sa istinom. U tonu u kojem se neki mučenik sa njegovom izvesnošću sveta penje kome na teme već se izražava toliko nizak stepen intelektualne čestitosti, takva *bedastoća* za pitanje „istine" da nije vredno truda opovrgavati ga. Istina nije ništa što bi jedan imao, a drugi – ne. Tako su o istini mogli da misle ponajviše seljaci ili seljački apostoli Luterove vrste. Na osnovu stepena savesnosti u stvarima duha, može se biti siguran da na ovoj tački skromnost, *umerenost* postaje sve veća. Posedovati *znanje* o pet stvari, a blagom rukom odstraniti svako *drugo*... „Istina", reč kako je razume svaki prorok, svaki sektaš, svaki liberal, socijalista, svaki čovek crkve, jeste savršeni dokaz da nismo čak ni na početku one duhovne discipline i samosavlađivanja bez kojih se ne može pronaći ma koja mala, kolikogod mala bila istina. Smrti mučenika bile su, uzgred rečeno, velika nesreća u istoriji: one su *očaravale*... Zaključak svih idiota, ne izuzimajući ženu i narod, da u nekoj stvari zbog koje je neko kadar da umre (ili čak da, kao u prvom hrišćanstvu, izazove epidemije čežnje za smrću) mora da postoji nešto – takvo zaključivanje je postalo ogromna kočnica za istraživanje, za duh istraživanja i smotrenosti. Mučenici su *naškodili* istini... I danas je još dovoljna izvesna grubost u proganjanju da bi se nekom, inače po sebi ravnodušnom, sektašenju stvorilo *časno* ime. Kako to da se menja vrednost nečega kada neko za to daje svoj život? Zabluda koja postaje časna jeste zabluda koja još više zadobija očaravajuću draž: verujete li vi, gospodo teolozi, da ćemo vam dati priliku da izigravate mučenike radi vaših laži? Da bi se opovrgla neka stvar treba je s puno obzira odložiti na stranu – isto tako se opovrgavaju i teolozi... Upravo u tome je bila svetskoistorijska glupost svih proganjalaca. Protivničkoj stvari su pridali izgled časti – obdarili su je fascinantnošću mučeništva... Žena i dan-danas kleči na kolenima pred zabludom, jer joj se reklo da je neko za tu zabludu bio raspet na krstu. *Da li je krst neki argument?* Ali, o svim ovim stvarima rekla se jedna jedina reč koja bi bila potrebna i nakon hiljada godina – *Zaratustra.*

Putem kojim su išli, pisali su krvavo znakovlje, a njihova je glupost učila da se istina dokazuje krvlju.

Ali krv je najgori svedok istine; krv truje i najčistije učenje i pretvara ga u ludilo i mržnju u srcima.

I kada neko pođe i u vatru za svoje učenje – šta to dokazuje! Bolje je, zaista, da naše sopstveno učenje potiče iz našeg sopstvenog plamena.[*]

---

[*] *Tako je govorio Zaratustra* II, 350, Prema prevodu Danka Grlića, treće izdanje, Zagreb 1975, str. 84–85. *Prim. prev.*

54

Da se ne zaluta: veliki duhovi su skeptici. Zaratustra je skeptik. Jačina, *sloboda* koja dolazi od snage i presnažnosti duha *dokazuje* se skepsom. Sve što se tiče načela u vrednosti i bezvrednosti ubeđeni ljudi ne uzimaju u razmatranje. Ubeđenja su tamnice. Ne gleda se dovoljno daleko, ne gleda *ispod* sebe: a da bi se smelo sudelovati u raspravi oko vrednosti i nevrednosti mora se videti pet stotina ubeđenja *ispod* sebe – *iza* sebe... Duh koji hoće da je velik, koji hoće i sredstva za to, nužno je skeptičar. Oslobođenost od svih vrsta ubeđenja *spada* u snagu, *sposobnost* slobodnog gledanja... Velika strast, osnova i moć njegovog bića, a još slobodoumnije, još despotskije, kada je sasvim prožet njome, služi se čitavim njegovim intelektom, ne daje mu da se dvoumi, ohrabruje ga, štaviše, da se koristi i bezbožnim sredstvima, *dopušta* mu pod izvesnim okolnostima da poveruje nekim ubeđenjima. Ubeđenje kao *sredstvo:* mnogo toga se postiže samo posredstvom nekog ubeđenja. Velika strast se služi ubeđenjima, troši ubeđenja, no ne potčinjava im se – ona neograničeno sebe poznaje. Obrnuto: potreba za verovanjem, za bezuslovnošću nekog Da i Ne, karlajlizam,* ako mi se dozvoli ova reč, jeste potreba za *slabošću.* Čovek vere, „vernik" svake vrste, nužno je zavisan čovek – takav koji ne može *sebe* da uzme za svrhu, koji sebi ne može uopšte da postavi ikakav cilj. „Vernik" ne pripada *sebi,* on može da bude samo sredstvo, mora da bude *trošen,* potreban mu je neko da ga troši. Njegov instinkt odaje najvišu poštu moralu samootuđenja: u njega ga sve uverava, njegova pamet, njegovo iskustvo, njegova taština. Svaka vera je, u stvari, izraz samorazvlašći-

---

* Prema engleskom istoričaru i kritičaru Tomasu Karlajlu (Thomas Carlyle, 1795–1881). Niče u *Sumraku idola* kaže, između ostalog, o njemu: „U osnovi, Karlajl je engleski ateist koji svoj dobar glas traži u tome da to *ne* bude."

vanja, samootuđenja... Ako se promotri koliko je većini nužan jedan regulativ koji vezuje i stabilizuje spoljašnjost, koliko je prinuda, u jednom višem smislu *ropstva*, za ljude slabe volje, naročito ženu, jedini i poslednji uslov njihovog uspeha: tada se razumelo ubeđenje, razumela se „vera". Kičma čoveka sa ubeđenjem počiva u ubeđenju. *Ne* videti mnoge stvari, nikada ne izneveravati svoje predrasude, biti skroz pristrasan, imati strogu i doslednu optiku za sve vrednosti – jedino to uslovljava da takva vrsta čoveka uopšte postoji. No, time je ona suprotnost, *antagonist* istinskog – istine... Verniku uopšte nije dato da ima neku savest za pitanje „istinitog" i „neistinitog": biti čestit kada je reč o *ovom* pitanju to bi istog trena značilo njegovu propast. Patološka uslovljenost njegove optike pretvara ubeđenog u fanatika – Savonarola, Luter, Ruso, Robespjer, Sen-Simon – u tip suprotan snažnom, *oslobođenom* duhu. Pobedonosno držanje ovih *bolesnih* duhova, ovih epileptičara pojma, utiče na široke mase – fanatici su pitoreskni, čovečanstvo rađe gleda gestove nego da čuje *razloge*...

55

Korak dalje u psihologiju ubeđenja, „verovanja". Proteklo je već duže vreme otkakao sam stavio na razmatranje da li ubeđenja nisu opasniji neprijatelji istini od laži (Ljudsko, odviše ljudsko).* Ovaj put želeo bih da se zapitam odlučnije: postoji li između laži i ubeđenja uopšte neka suprotnost? Sav svet u to veruje; no, u šta sve ne veruje sav svet! Svako ubeđenje ima svoju istoriju, svoje obrasce, svoja iskušenja i promašaje: ono *postaje* ubeđenje, prema tome dugo vremena *nije*

---

* „*Ljudsko, odviše ljudsko*", I, aforizmi 54 i 483. – Prema primedbi Karla Šlehte. *Prim. prev.*

to, prema tome još duže vremena *jedva* je to. Kako? to da među ovim embrionalnim oblicima ubeđenja ne bi mogla da bude laž? Dovoljno je samo katkad izvršiti zamenu ličnosti: u sinu postaje ubeđenje ono što je za oca još bila laž. Laž nazivam: *ne* hteti videti nešto što se vidi, ne hteti videti nešto *takvim* kakvim se vidi: svejedno da li se laž zbiva pred svedokom ili bez svedoka. Najčešća laž jeste ona kojom sami sebe obmanjujemo; obmana drugog je relativno izuzetak. Elem, ovo *ne-hteti-videti* što se vidi, ne-hteti-videti-takvim kako se vidi, bezmalo je prvi uslov za sve koji su *pristrasni* u ma kojem smislu: pristrasan čovek nužno postaje lažov. Nemačka istoriografija je, na primer, ubeđena da je Rim bio despotizam, da su Germani na svet doneli duh slobode: kakava je razlika između ovog ubeđenja i laži? Ima li još mesta čuđenju kada, instinktivno, sve stranke, pa tako i nemački istoričari, imaju na usnama velike reči morala – da moral bezmalo *produžava da traje* time što je svakog časa neophodan strančarima svih vrsta? – „To je *naše* ubeđenje: javno ga priznajemo pred čitavim svetom, mi živimo i umiremo za njega – poštovanje pred svim što ima ubeđenje!" – takve sam reči čuo, štaviše iz usta antisemita. Baš naprotiv, moja gospodo! Time što laže iz principa, jedan antisemita nije ništa pristojniji... Sveštenici, koji su u tim stvarima tananiji i veoma dobro razumeju prigovor koji leži u ideji nekog ubeđenja, to jest neke principijelne – *jer* služi jednom cilju – dvoličnosti, preuzeli su od Jevreja lukavu zamisao da na ovom mestu umetnu pojam „Boga", „božje volje", „božjeg otkrovenja". I Kant je, sa njegovim kategoričkim imperativom, bio na istom putu: i na njemu je njegov um bivao *praktičan*. Postoje pitanja pri kojima čoveku *nije* stalo do odluke o istini ili neistini; sva vrhunska pitanja, svi vrhunski problemi vrednosti, s one strane su ljudskog uma... Shvatiti granice uma – tek je *to* istinska filozofija... Radi čega bi se bog otkrio čoveku? Da li bi bog učinio nešto izlišno? Čovek ne može, sam za sebe, da zna šta je dobro ili zlo, zato ga bog podučava svojoj volji... Pouka: sveštenik *ne* laže – pitanje „istinitog" ili „neistinitog" ne *postoji* u takvim stvarima o kojima govori sveštenik; ove stvari čak ne dozvoljavaju da se laže. Jer, da bi se lagalo mora da bude mogućno odlučiti *šta* je ovde istinito. A upravo to čovek ne može; prema tome je sveštenik božji glasnogovornik. Takav sveštenički silogizam nije sasvim samo jevrejski i hrišćanski; pravo na laž i *razložnost* „otkrovenja" pripada svešteničkom tipu, sveštenicima *décadence* koliko i mnogobožačkim sveštenicima (pagani su svi koji kažu da životu, za koje je „Bog" reč za veliko Da svim stvarima). „Zakon", „božja volja", „sveta knjiga", „nadahnuće" – sve sami termini za označavanje uslova *pod* kojima sveštenik dolazi do moći, *sa* kojima održava svoju moć – ovi pojmovi počivaju u osnovi svih svešteničkih organizacija, svih svešteničkih ili filozofsko-svešteničkih oblika dominacije. „Sveta laž" – zajednička Konfučiju, Manuovom zakoniku, Muhamedu, hrišćanskoj crkvi – ne nedostaje i kod Platona. „Istina je tu": to znači tamo gde se čuje, gde *sveštenik laže...*

56

Konačno, sve zavisi od *cilja* za koji se laže. *Moj* prigovor hrišćanskim sredstvima je upravo da u hrišćanstvu nedostaju „sveti" ciljevi. Samo *rđavi* ciljevi: trovanje, klevetanje, poricanje života, preziranje tela, ponižavanje i samoskrnavljenje čoveka pojmom greha – *otuda* su i njegova sredstva *rđava.* Sa suprotnim osećanjima čitam *Manuov* zakonik, jedno neuporedivo duhovno i promišljeno delo, za koje bi bilo greh prema *duhu strpati* ga u istu vreću sa Biblijom. Odmah se nasluđuje: iza njega, *u* njemu, postoji stvarna

71

filozofija, ne samo otrovna judejska čorba od rabiniz-
ma i praznoverja – on nudi i najrazmaženijem psiholo-
gu nešto u šta može da zagrize. *Ne* zaboraviti glavnu
stvar, osnovna razlika sa ma kojom biblijom: *otmeni*
slojevi, filozofi i ratnici, pomoću njega drže u svojim
rukama svetinu; svuda otmene vrednosti, osećanje
savršenstva, Da životu, pobedonosna dobrobit u sebi i
životu – *sunce* prožima čitavu knjigu. Sve stvari, u ko-
jima hrišćanstvo ispoljava svoj neizmerni prostakluk,
rađanje na primer, žena, brak, raspravljene su ovde oz-
biljno, sa poštovanjem, ljubavlju i poverenjem. Kako
se zapravo može u ruke deteta i žene staviti knjiga ko-
ja sadrži ove nitkovske reči: „Zbog bludničenja da sva-
ki ima svoju sopstvenu ženu i svaka svog sopstvenog
čoveka... bolje je ženiti se nego goreti od želje"? Da li
je dozvoljeno biti hrišćanin isto toliko dugo koliko po-
jam *immaculata conceptio** služi za pohrišćavanje, to
jest za *kaljanje* nastanka čoveka?... Ne znam ni za jed-
nu knjigu u kojoj bi ženi bilo rečeno toliko nežnih i bla-
gonaklonih stvari koliko u Manuovom zakoniku; te sta-
re sedine i sveci imaju način da budu divni prema ženi
koji je možda nenadmašan. „Usta neke žene" – čita se
na jednom mestu „nedra devojke, molitva deteta, dim
žrtve, uvek su čisti." Na drugom mestu: „ne postoji do-
ista ništa čistije od svetlosti sunca, senke krave, vazdu-
ha, vode, vatre i daha devojke." Poslednje mesto, mož-
da takođe sveta laž: „svi otvori na telu iznad pupka su
čisti, svi ispod su nečisti. Samo u devojke je čisto čita-
vo telo."

57

Bezbožnost hrišćanskih sredstava zatiče se *in fla-
granti* kada se primerice *hrišćanski* cilj promeni prema
cilju Manuovog zakonika – kada se jarko osvetli ova

---

* Lat. – *bezgrešno začeće. Prim. prev.*

velika protivstavljenost ciljeva. Kritičar hrišćanstva ne može da izbegne da hrišćanstvo izloži *preziru*. Takav zakonik, kakav je Manuov, nastaje kao svaki dobar zakonik: on sažima iskustvo, mudrost i moral proveren pozitivno tokom niza stoleća, on zaključuje i više ništa ne dodaje. Pretpostavka za ovakvu vrstu kodifikacije jeste uvid da su sredstva za stvaranje autoriteta jedne sporo i dragoceno sticane *istine* temeljno različita od onih koja će se iskoristiti da bi se ona dokazala. Zakonik nikada ne priča korisnost, razloge, kazuistiku u predistoriji zakona: upravo time bi izgubio imperativni ton, „ti treba", pretpostavku njegovog poštovanja. Tačno u tome je problem. U izvesnoj tački razvitka nekog naroda, njegov najoštroumniji, to jest najiskusniji i najdalekovidiji sloj rešava da je skup iskustva prema kojem treba, to jest *može* se živeti zaključen. Njegov cilj je da iz godina opita i *loših* iskustava dobije što je moguće bogatiju i potpuniju žetvu. Sada, dakle, preduprediće se pre svega produžetak eksperimentisanja, nastavak tekućeg stanja vrednosti, ispitivanje, izabiranje, kritika vrednosti *in infinitum*. Tom se suprotstavlja dvostruki zid: najednom; *otkrovenje,* to jest tvrdnja da umnost ovih zakona *nije* ljudskog porekla, da *nije* bila tražena sporo i nalažena posle niza promašaja, nego da je, kao od božanskog izvora, potpuna, savršena, bez istorije, dar, čudo, naprosto udeljena... Zatim *tradicija,* to jest tvrđenje da je zakon postojao već od prastarih vremena, da bi bilo bezbožno sumnjati u njega, da bi to bio zločin prema precima. Autoritet zakona zasniva se na tezama: bog ga je *doneo,* preci po njemu *živeli*. Viši razlog ovakve procedure počiva u nameri da se postepeno potisne svest o njemu kao tačno spoznatom (to jest *dokazanom* ogromnim i strogo prorešetanim iskustvom) životu: tako da se postiže savršeni automatizam instinkta – pretpostavka svakog majstorstva, svakog savršenstva u veštini življenja. Ustanoviti zakonik kakav je Manuov znači odobriti ubuduće da narod postane majstor, da bude savršen – da ambiciozno teži najvišoj umešnosti života. *Radi toga se mora biti nesvestan:* cilj svake svete laži. *Kastinski poredak,* najviši, vladajući zakon, jeste samo sankcija *prirodnog poretka,* prirodne zakonitosti prvoga reda nad kojom nikakva proizvoljnost, nikakva „moderna ideja" nema moći. U svakom zdravom društvu očituje se razdvajanje tri tipa prema različitoj fiziološkoj gravitaciji, od kojih svaki ima svoju sopstvenu higijenu, svoje sopstveno područje rada, svoju sopstvenu vrstu osećanja za savršenstvo i majstorstvo. Priroda, a *ne* Manu, međusobno razdvaja one koji su pretežno duhovno nastrojeni, one čija je snaga pretežno u mišićavosti i temperamentu, i najzad one koji se ne ističu ni u kakvim pretežnim odlikama, srednjaci. Treći su najbrojniji, dok su prvi najelitniji. Najviša kasta – ja je nazivam *najređi* – kao savršena ima i prednosti najređih: njoj pripada da predstavlja sreću, lepotu i dobrotu na zemlji. Jedino najduhovnijima je data dozvola za lepotu, *za* lepo: jedino kod njih dobrota nije slabost. *Pulchrum est paucorum hominum:* dobro je prednost. Međutim, ništa im manje ne pripada od ružnih manira ili pesimističkog pogleda, oka koje *nagrđuje* ono u šta gleda – ili čak srdžba nad ukupnim vidom stvari. Srdžba je privilegija čandale; pesimizam isto tako. „*Svet je savršen*" – tako veli instinkt najduhovnijih, isntinkt koji kazuje Da – „nesavršenost, svaka vrsta *ispod* nas, distanca, pathos distance, sama čandala spada još u ovo savršenstvo". Najduhovniji ljudi, kao *najsnažniji,* nalaze svoju sreću tamo gde bi drugi našli njihovu propast: u lavirintu, u okrutnosti prema sebi i drugome, u pokušaju; njihovo zadovoljstvo je samosavlađivanje: kod njih je asketizam njihova priroda, potreba, instinkt. Za njih je težak zadatak privilegija; igrati pod bremenom koje druge guši, *okrepa...* Saznanje – oblik asketizma. Oni su najčasnija vrsta ljudi: to ne isključuje da su najvedriji, najljubazniji. Vladaju ne zato što hoće, već što *jesu;* nije im dato da budu drugi. *Dru-*

gi: to su stražari prava, zaštitinici poretka i bezbednosti, to su otmeni ratnici, to je pre svega *kralj* kao najviša formula ratnika, sudija i održavalac zakona. Drugi su izvršni organ najduhovnijih, najbliži njima, koji na sebe uzimaju sve grubo u radu vladanja – njihovi pratioci, njihova desna ruka, najbolji učenici njihovi. U svemu tom, da bude još jednom rečeno, nema ništa proizvoljno, ništa „napravljeno“. Što je *drukčije,* napravljeno je – priroda je onda osakaćena... Kastinski poredak; *hijerarhijski redosled,* jedino otelovljava vrhunski zakon samog života; izdvajanje tri tipa je potrebno radi održanja društva, radi omogućavanja viših i najviših tipova – nejednakost u pravima tek je uslov da prava uopšte postoje. Pravo je privilegija. Pravo svakog počiva, takođe, u njegovom načinu bivstvovanja. Ne potcenjujmo prednosti *srednjaka.* Život koji stremi *visini,* postaje sve tvrđi – hladnoća se povećava, odgovornost se povećava. Visoka kultura je piramida: ona može da počiva samo na širokom tlu, i za pretpostavku ima najpre snažno i zdravo konsolidovanu osrednjost. Zanat, trgovina, zemljoradnja, *nauka,* najveći deo umetnosti, jednom reči čitav skup *profesionalne* delatnosti, slaže se sasvim samo sa osrednjošću u mogućnostima i željama; takvo nešto bilo bi neumesno među izuzecima, naime odgovarajući instinkt suprotstavlja se koliko anarhizmu toliko aristokratizmu. Biti javno koristan, točak, funkcija, o tome odlučuje prirodna sklonost: *ne* društvo, već vrsta *sreće* za koju je najveći broj sposoban pravi od njih inteligentne mašine. Za srednjaka biti osrednji je sreća. Majstorstvo u jednom području, specijalnost, prirodni instinkt. Bilo bi savršeno nedostojno dubokog duha da u osrednjosti po sebi vidi već neki prigovor. Sama, ona je *prva* nužnost za postojanje izuzetaka: visoka kultura je uslovljena njome. Ako izuzetan čovek, koliko on sam i njemu slični, pažljivom rukom rukovodi osrednjima, onda to nije samo učtiva prostosrdačnost – to je njegova *dužnost...* Koga mrzim ponajviše među ološem da-

75

nas? Onaj socijalistički, čandala-apostole koji potkopavaju instinkt, zadovoljstvo, osećanje zadovoljnosti radnika u njegovom malom svetu – koji ga prave zavidnim, koji ga podučavaju osveti... Nepravda nikada ne leži u nejednakim pravima, nego u polaganju na *„jednaka"* prava... Šta je rđavo? No, rekao sam to već: sve što potiče iz slabosti, zavisti, *osvete.* Anarhist i hrišćanin su istog porekla...

58

U stvari, razlika je u kom se cilju laže: da li da se održava ili *razara.* Može se postaviti potpuna jednakost između *hrišćanina* i *anarhiste:* njihov cilj, njihov instinkt vodi samo u razaranje. Dokaz za ovaj stav dá se pročitati u istoriji: tu je on sadržan u strašnoj nedvosmislenosti. Upravo smo upoznali religiozno zakonodavstvo čiji je cilj bio, kao najvažniji uslov *cvetanja* života, da „ovekoveči" jednu veliku organizaciju društva – hrišćanstvo je svoju misiju otkrilo u tome da okonča upravo sa takvom organizacijom, *budući da u njoj život cvate.* Tamo je trebalo plod mudrosti, uvećavan tokom dugih razdoblja isprobavanja i neizvesnosti, upotrebiti sa najdalekosežnijom korisnošću i požnjeti što je moguće veći, bogatiji, potpuniji prinos: ovde je, obrnuto, preko noći *zatrovana* čitava žetva... Ono što je *aere perennius* bilo tu, *imperium Romanum,* najveličanstveniji oblik organizacije u teškim uslovima koja je do sada bila ostvarena, s obzirom na koju je sve, pre i posle, samo krpljenje, prčvarenje, diletantizam – ti sveti anarhisti, napravili su „pobožnost" od toga da je taj „svet", *to jest imperium Romanum* razore tako da ne ostane ni kamen na kamenu – pa su čak Germani i drugi dripci mogli da zagospodare nad njim... Hrišćanin i anarhist: oba *décadents,* oba nesposobna da delaju drukčije nego rastočno, otrovno, sapinjući, *krvoločno,* obojica sa instinktom *smrtne mržnje*

76

prema svemu što je uspravno, stasito, trajno, što odriče budućnost životu... Hrišćanstvo je bilo vampir *imperium Romanum*-a – ono je preko noći raščinilo ogroman rad Rimljana na raskrčivanju tla za jednu veliku kulturu *kadru da traje*. Još se nije razumelo? *Imperium Romanum* koju poznjemo, kojoj nas još bolje poučava istorija rimske provincije, to najčudesnije umetničko delo velikog stila, bila je početak, njena gradnja bila je sračunata da će se *dokazivati* hiljadama godina – do danas nikada se nije tako gradilo, nije se čak ni sanjalo da se gradi u srazmeri *sub specie aeterni!* Ova organizacija bila je dovoljno čvrsta da izdrži rđave careve: slučajnost ličnosti ne može ništa da naudi takvim stvarima – *prvo* načelo svake velike arhitekture. Ali, ona nije bila dovoljno čvrsta za *najiskvareniju* vrstu pokvarenosti, za *hrišćane*... Ova skrovita gamad koja se noću, pomoću magluštine i dvoznačnosti, prikrada svakom pojedinačno i truni mu svoju zbilju za *istinite* stvari, svoj instinkt za neporecive *realnosti,* ta kukavička, feminizovana i slatkorečiva banda je korak po korak izvadila „duše" ovom ogromnom zdanju – tim vrednim, muški-uspravnim prirodama koje su u stvari Rima osećale svoju sopstvenu stvar, svoju sopstvenu zbilju, svoj sopstveni ponos. Licemerno potajništvo, skrovito skupštinarenje, tmasti pojmovi, kao pakao, kao žrtvovanje nevinog, kao *unio mystica* u pijenju krvi i, pre svega, polako podjarivana vatra osvete, čandaline osvete – *to* je zagospodarilo Rimom, ista vrsta religije kojoj je u njenom preegzistentom obliku rat objavio već Epikur. Neka se čita Lukrecije da bi se shvatilo protiv *čega* se borio Epikur, *ne* protiv mnogobožaštva već „hrišćanstva", hoću reći kvarenja duša pojmovima krivice, kazne i besmrtnosti. Borio se sa *podzemnim* kultovima, sa čitavim latentnim hrišćanstvom – opovrgnuti besmrtnost bilo je tada već stvarno *iskupljenje*. I Epikur je trijumfovao, svaki časniji duh u rimskom carstvu bio je epikurejac. *A onda se* *pojavio Pavle...* Pavle, otelovljeni genije mržnje čandale prema Rimu, prema „svetu", Jevrejin, *večiti Jevrejin-lutalica par exellence...* Ono što je on otkrio bilo je kako se može, pomoću malog, sektaškog hrišćanskog pokreta na rubu jevrejstva, zapaliti „svetski požar", kako se sa simbolom „boga raspetog na krstu" može sve potisnuto, sva skrivena komešanja, čitava baština anarhističkih smutnji u Carstvu, koncentrisati u ogromnu moć. „Spas dolazi od Jevreja." Hrišćanstvo kao formula za podizanje cene podzemnih kultova svih vrsta, na primer Ozirisov, velike Majke, Mitrin – i za njihovo sabiranje: u tome je bio Pavlov genije. Njegov instinkt je bio toliko siguran da je predstave kojima su pomenute religije opčinjavale čandalu, surovo, bez ikakvog obzira prema istini, stavio u ista njegovom izmišljenom „spasitelju", i ne samo u usta – da ga je on u nešto *pretvorio,* mogao je to da razume čak i neki Mitrin sveštenik... Bio je to njegov vrhunski trenutak: on shvata da mu je *potrebna* vera u besmrtnost da bi obezvredio „svet", da će pojam „pakla" zagospodariti Rimom – da se „onostranošću" *ubija* život... Nihilist i hrist*: to se rimuje, ali to saglasje nije jedino u rimi...

59

Uzalud sav rad antičkog sveta: nemam reči da izkažem svoje osećanje o nečemu tako čudovišnom. I smatrajući da je njegov rad bio predradnja da je tek, sa granitnom samosvešću, udarao upravo temelj za rad od hiljada i hiljada godina, celokupan *smisao* antičkog sveta uzalud!... Čemu Grci? Čemu Rimljani? Sve pretpostavke za obrazovanu kulturu, svi naučni *metodi* bili su već tada, bila je ustoličena i ta velika, neuporediva umešnost dobrog čitanja – pretpostavka kulturne tradicije i

---

* *Hrišćanin. Prim. prev.*

78

jedinstva nauke. Nauka o prirodi povezna sa matematikom i mehanikom bila je na najboljem putu – *smisao za činjenice*, poslednji i najvredniji od svih smislova, imao je svoje škole, svoju već stoletno staru tradiciju! Razume li se to? Sve *bitno* bilo je pronađeno da bi se moglo pristupiti radu – metodi *jesu*, to treba ponavljati desetinu puta, ono bitno, i ono najteže, i ono što najduže protiv sebe mora da podnosi navike i duhovnu lenjost. Ono što mi danas moramo sa ogromnim samosavlađivanjem – jer su nam svi rđavi instinkti, hrišćanski, na neki način još u telu – ponovo da osvajamo, slobodan pogled na realnost, opreznu ruku, stpljivost i ozbiljnost i u najsitnijim stvarima, čitava *čestitost* u saznavanju – postojalo je već tada!, već pre više od dve hiljade godina! *I* uz to dobar, istančani takt i ukus! *Ne* kao dresura mozga! *Ne* kao „nemačko" obrazovanje dripačkim manirima! Nego kao telo, kao gest, kao instinkt – kao realnost jednom rečju... *Sve uzalud!* Preko noći, i samo je spomen ostao! Grci!, Rimljani!, držanje instinkata na odstojanju, ukus, metodično istraživanje, genije organizacije i upravljanja, vera, *volja* za ljudsku budućnost, veliko Da svim stvarima vidljivo kao *imperium Romanum,* vidljivo za sva čula, veliki stil koji nije više samo umetnost, već realnost, istina, *život*... I ne preko noći pokopano nekom prirodnom kataklizmom! Ne zgaženo od strane Germana i drugih teških šaponja! Nego satrto od prepredenih, skrivenih, nevidljivih, krvožednih vampira! Ne pobeđeno – jednostavno isisano!... *Zagospodarila* je prikrivena čežnja za osvetom, slaboumna zavidljivost! Odjednom je *prevladalo* sve ništavno, što jadikuje nad sobom, što je unesrećeno svojim rđavim osećanjima, sav *geto* duše! Dovoljno je pročitati ma kojeg hrišćanskog agitatora, svetog Avgustina na primer, da bi se shvatilo, da bi se *namirisalo* koje su se prljave klike popele gore. U potpunosti bi se prevarili ako bi se kod vođa hrišćanskog pokreta pretpostavio ma kakav nedostatak razuma – o, pametni su oni, pametni, do svetosti, ta gospoda crkveni oci! Ono što njima nedostaje, to je nešto sasvim drugo. Priroda ih je prenebregnula – zaboravila je da za njih predvidi skroman miraz od časnih, primerenih, čistih instinkata... Među nama, oni nisu čak ni muškarci... Ako islam prezire hrišćanstvo, on za to ima hiljadu razloga: islam pretpostavlja *muškarce*...

60

Hrišćanstvo nas je lišilo žetve antičke kulture, kasnije nas je opet lišilo žetve *islamske* kulture. Čudesni svet mavarske kulture Španije, u osnovi najsrodniji *nama*, izražajniji po duhu i senzibilnosti nego Rim i Grčka, bio je *pregažen* (da ne kažem čijim nogama). Zašto? Jer je držao do sebe, jer je za svoj nastanak zahvaljivao muževnim instinktima, jer je životu govorio *da* i to je govorio sa retkom i dragocenom istnačanošću mavarskog života!... Docnije, krstaši su se borili protiv nečega pred čim je bilo priličnije da su padali ničice u prašinu – protiv kulture pred kojom bi čak i naš devetnaesti vek morao da se oseća vrlo ubogim, veoma „poznim". Razume se, oni su hteli da pljačkaju: Istok je bio bogat... A ipak bez predrasuda! Krstaški ratovi – piratstvo visokog stila, i ništa više! Nemačko plemstvo, u osnovi vikinško plemstvo, bilo je tamo u svom elementu: Crkva je odviše dobro znala sa čim se *pridobija* nemačko plemstvo... Nemačko plemstvo, uvek „Švajcarci" Crkve, uvek u službi svih rđavih instinkata Crkve – ali *dobro plaćeno*... Upravo uz pomoć nemačkih mačeva, nemačke krvi i hrabrosti Crkva je mogla da vodi svoj rat i provodi u delo svoje smrtno neprijateljstvo prema svemu što na zemlji drži do sebe! U ovoj tački postoji mnoštvo bolnih pitanja. Nemačkog plemstva bezmalo *nema* u istoriji visoke kulture: i za to postoji razlog... Hrišćanstvo, alkohol – dva *velika* sredstva za kvarenje... samo po sebi

80

ne bi trebalo da postoji više ikakav izbor između islama i hrišćanstva, koliko između Arapina i Jevrejina. Odluka je donesena: u ovoj stvari niko više nema mogućnosti da bira. Ili *je* čandala ili to *nije...* „Rat do poslednjeg daha sa Rimom! Mir, prijateljstvo sa islamom": tako je osećao, tako je *delao* onaj veliki slobodarski duh, genije među nemačkim carevima, Fridrih Drugi. Kako to da neki Nemac mora da bude najpre genije, najpre slobodan duh da bi *pristojno* osećao? Ne shvatam kako je ikada Nemac mogao da bude prožet *hrišćanskim* osećanjima...

61

Ovde je nužno dotaći još sto puta za Nemce mučniju uspomenu. Nemci su lišili Evropu poslednje velike kulturne žetve koja je bila požnjevena za Evropu – *Renaissance.* Razume li se konačno, *hoće* li da se razume *šta* je bila Renesansa? *Prevrednovanje hrišćanskih vrednosti,* pokušaj preduzet svim sredstvima, svim instinktima, sa svom mogućom genijalnošću, da se do pobede dovedu *suprotne* vrednosti, *otmene* vrednosti... Do sada je postojao samo *ovaj* veliki rat, do sada nije postojala odsudnija problematika od problematike Renesanse – *moje* pitanje je njeno pitanje nikada nije postojao temeljniji, neposredniji, duž čitavog fronta strože izveden i u središte uperen oblik *napada!* Napasti na ključno mesto, ne samo sedište hrišćanstva, upravo tu ustoličiti *otmene* vrednosti, hoću da kažem uneti ih u instinkte, u najdublje potrebe i prohteve onih koji tu stoluju... Pred sobom vidim *mogućnost* jedne potpuno natprirodne čari i koloritne draži – čini mi se da ona blista u svim jezama jedne istančane lepote, da je u njoj na delu jedna božanska, demonski božanska umetnost, i da bi se uzalud rovilo milenijumima za drugom takvom mogućnošću; vidim prizor toliko bogat u smislu i, u isti mah, čudno paradoksalan da bi u njemu sva olimpska božanstva imala priliku za božanski smeh – *Čezare Bordžija kao papa...* Razumete li me?... Pa dobro, to bi bila pobeda za kojom čeznem danas jedini ja – njome bi hrišćanstvo bilo *uništeno!* Šta se dogodilo? Jedan nemački monah, Luter, došao je u Rim. Taj monah, propali sveštenik sa svim osvetoljubivim instinktima u telu, razjario se u Rimu *protiv* Renesanse... Umesto da sa najdubljom zahvalnošću razume čudo koje se tu zbilo, nadmašenje hrišćanstva u njegovom sedištu – njegova mržnja je znala samo da crpi sebi hranu iz ovog prizora. Jedan religiozni čovek misli samo na sebe. Luter je video *pokvarenost* papstva, dok se radilo upravo o suprotnom: stara pokvarenost, *peccatum originale,* hrišćanstvo *nije* više sedelo na papinoj stolici! Nego život! Nego pobedonosna svetkovina života! Nego veliko Da svim uspravnim, lepim, smelim stvarima!... I Luter *prekonstruisa Crkvu:* napade je... Renesansa – događaj bez smisla, jedno veliko *Uzalud!* Ah, ti Nemci, šta su nas oni već stajali! *Zaludnost* – to je uvek bilo *delo* Nemaca. Reformacija; Lajbnic; Kant i takozvana nemačka filozofija; „oslobodilački" ratovi*; Carstvo – svaki put jedna uzaludnost za nešto što je već bilo tu, za nešto *nenadoknadivo...* Priznajem, to su moji neprijatelji, ti Nemci: prezirem u njima svaku vrstu pojmovne i vrednosne magluštine, *kukavičluk* pred svakim čestitim Da i Ne. Nakon skoro hiljadu godina, oni su zamrsili i smutili sve čega su se dotakli svojim rukama, na savesti imaju sve polovičnosti – tri-osminice! – od kojih boluje Evropa – na savesti imaju i najnečistiju vrstu hrišćanstva koja postoji, najizlečiviju, najneuništiviju, protestantizam... Ako se ne mogne okončati sa hrišćanstvom, za to će biti krivi Nemci...

---

* Uobičajeni naziv za koalicione ratove protiv Napoleona I. *Prim. prev.*

– Eto me na koncu i evo mog suda. *Osuđujem* hrišćanstvo, protiv hrišćanske crkve podižem najstrašniju optužbu koju jedan tužilac može da izgovori. Ono je za mene najveća od svih zamislivih pokvarenosti, njegova volja za pokvarenost ukazuje na krajnju moguću pokvarenost. Hrišćanska crkva ništa nije poštedela svoje pokvarenosti, od svake vrednosti je napravila nevrednost, od svake istine laž, od svake čestitosti nitkovluk duše. Neka se ne usudi više niko da mi govori o njenim „humanitarnim" blagoslovima! *Potisnuti* neku nevolju bilo bi protiv njenog najdubljeg interesa: ona je živela od nevolja, *stvarala* je nevolje da bi se ovekovečila.... Nagrizajući crv greha, na primer: tom bedom čovečanstvo je pre svega obogatila Crkva! „Jednakost duša pred bogom", to prenemaganje, taj *izgovor* za *rancunes** svih podlaca, taj pojmovni eksploziv, postao je najzad revolucija, moderna ideja i načelo propasti čitavog društvenog poretka – *hrišćanski* dinamit... „Humanitarna" hrišćanska blagosiljanja! Od *humanitas* napraviti samo protivrečnost, veštinu samoskrnavljenja, volju za laž po svaku cenu, mržnju, prezir prema svim dobrim i čestitim instinktima! To bi za mene bila hrišćanska dobročinstva! Parazitizam kao jedina praksa Crkve; sa njenim idealom bledunjavosti i „svetosti" svake krvi, svetost koja ispija svaku ljubav, svaku nadu u život; onostranost kao volja za poricanje svake realnosti; krst kao znak raspoznavanja za najpodzemniju zaveru koja je ikada postojala – protiv zdravlja, lepote, uspeha, srčanosti, duha, *dobrote* duše, *protiv života samog*...

Ovu večnu optužbu hrišćanstva hoću da ispišem na svim zidovima, svuda tamo gde postoje zidovi – imam slova koja će videti i slepi... Hrišćanstvo nazivam veli-

---

* Na francuskom u izvorniku. Znači *pizme, mržnje. Prim. prev.*

kim prokletstvom, najvećom unutrašnjom iskvarenošću, velikim instinktom za osvetu za koji nijedno sredstvo *nije* dovoljno otrovno, skrovito, podzemno – nazivam ga besmrtnom ljagom čovečanstva...

I vreme se računa prema tom *dies nefastus*[*] kojim je započeo ovaj zao udes – prema prvom danu hrišćanstva! Zašto ne pre prema njegovom poslednjem? Od danas? Prevrednovanje svih vrednosti!

[*] Lat. – sramotni dan. *Prim. prev.*

ZAKON PROTIV HRIŠĆANSTVA

donesen na dan Spasa, prvog dana Prve godine
(30. septembra 1888. prema lažnom kalendaru)

Rat do smrti protiv poroka
Porok je hrišćanstvo

Prvi član. – Porok je sve suprotno prirodi. Najporočnija ljudska vrsta je sveštenik: on *podučava* u protiv-prirodu. Ne postoje razlozi protiv sveštenika, postoji popravni dom.

Drugi član. – Svako sudelovanje u božjoj službi jeste atentat protiv javnog morala. Biti suroviji prema protestantu nego prema katoliku, suroviji prema liberalnom protestantu nego prema puritancu. Što smo bliže nauci, veći je zločin biti hrišćanin. Zločinac nad zločincima je stoga filozof.

Treći član. – Prokleto mesto na kojem je hrišćanstvo izleglo svoja zmijska jaja, treba odmah zbrisati sa lica zemlje i kao sramno mesto da bude opomena i strah svem potomstvu. Neka se na njemu kote otrovne guje.

Četvrti član. – Propovedanje nevinosti je javno podsticanje na protiv-prirodu. Prezirati polni život, kaljati ga sa pojmom „nečistog", jeste istinski greh prema svetom duhu života.

Peti član. – Jesti za jednim stolom sa sveštenikom nije dozvoljeno; čineći to, baca se kletva na časno društvo. Sveštenik je *naš* čandala – on će biti obznanjen, izmoren glađu i prognan u neku vrstu pustinje.

Šesti član. – „Sveta" istorija nazvaće se imenom koje joj odgovara, to jest *prokletom* istorijom; reči „bog", „spasitelj", „iskupitelj", „svetac", koristiće se da bi se osudili, da bi se obeležili zločinci.

Sedmi član. – Ostalo sledi iz gornjeg.

Niče – Antihrist*
Antihrist

---

* U izvornom rukopisu precrtao sam Niče. – Prema primedbi Macinija Montinarija. *Prim. prev.*

ČEKIĆ GOVORI
ZARATUSTRA 3,90

O ti, voljo moja! Čudo svake nužde, ti moja nužnosti. Poštedi me male pobede!

Ti, odluko duše moje, koju zovem sudbinom! Ti što si u meni! Iznad mene! Zaštiti me i sačuvaj za Jednu veliku sudbinu!

I svoju poslednju veličinu, voljo moja, sačuvaj za svoju zadnju – da bi mogla biti neumitna u pobedi! Ah, ko nije podlegao svojoj pobedi!

Ah, čije oko još nije potavnelo u tom opojnom sutonu! Ah, čija noga se nije zanela, čija nije zaboravila u pobedi – biti uspravna!

– Da jednom budem spreman i zreo u *velikom Podnevu,* spreman i zreo poput usijanog tuča, oblaka bremenog munjama, mlekom nabreklog vimena:

– spreman i zreo za samog sebe i za svoju najskrovitiju volju, luk koji čezne za svojom strelom, strela koja čezne za svojom zvezdom:

– zvezda spremna i zrela u svom Podnevu, užarena, probodena, predata nasladi pred uništavajućim strelama sunca: sunce samo i neumitna sunčana volja, spremna da pobeđujući uništava!

O voljo, promeno svake nužde, ti *moja* nužnosti! Pripazi me za jednu veliku pobedu!

O IZVORNIKU
I AUTOR O SEBI

Poslednje Šlehtino (Karl Schlechta) izdanje Niče-ovih dela bilo je izvornik kojim sam se služio prevode-ći *Antihrista* (verzija koja sadrži jedino 62 aforizma). Međutim, prilikom konačne redakcije prevoda za refe-rentni tekst uzeo sam *kritičko izdanje* Đorđa Kolija i Macina Montinarija (*Nietzsche Werke – Kritische Ge-samtausgabe,* Herausgegeben von Giorgio Colli und Mazzino Montinari, Abt. 6, Bd. 3, str, 161–252, Walter de Gruyter & Co., Berlin, 1969). Ukoliko izostavimo činjenicu da Koli i Montinari obelodanjuju tekst, ozna-čavajući sve ortografske i interpunkcijske manjkavosti izvorne Ničeove verzije pripremljene za štampu, razli-ka između pomenuta dva izdanja se sastoji u tome da *kritičko izdanje* donosi:

a) početnu i konačnu verziju podnaslova *Antihrista* (naime, *početna* Ničeova zamisao je bila da podnaslov glasi *Pokušaj kritike hrišćanstva – Prva knjiga Prevred-novanja svih vrednosti;* zatim *konačna,* zapisana na na-slovnoj stranici samog rukopisa: *Prevrednovanje svih vrednosti. Prokleto hrišćanstvo,* s tim što je „*Prevredno-vanje svih vrednosti"* precrtano Ničeovom rukom); i

b) jednu stranicu koja slovi *Zakon protiv hrišćan-stva* i za koju je dokazano da pripada zaključnom delu *Antihrista.*

U njihovom izvanrednom i strpljivo izvedenom tek-stološkom poduhvatu stranicu sa *Zakonom protiv hri-*

šćanstva Koli i Montinari su priložili kao kraj *Antihrista* upravo na osnovu istraživanja i argumentacije Eriha Podaha, jednog od najozbiljnijih poznavalaca Ničeovog dela (Erich F. Podach: *Friedrich Nietzsches Werke des Zusammenbruchs,* izd. Rothe, 1961). Otuda sam se i sam usudio da uvažim Podahovo obrazloženje ne samo za tu dopunu, već i za jedan drugi list (takođe kao i onaj sa *Zakonom*... zagubljen i otkriven među rukopisima teksta *Ecce homo,* pisanom, uostalom, samo mesec dana kasnije) koji pod naslovom *3,90 Čekić govori* daje, u stvari, jednu od verzija aforizma 30 u skupu aforizama „O starim i novim pločama" iz III knjige *Zaratustre.*

Ničeovoj čestoj upotrebi francuskih reči doskočio sam, da bih olakšao čitanje teksta, prevodima na dnu stranice. No, ovo nisam učinio za dve-tri (décadence, ressentiment, Renaissance) koje su ionako u svetu prihvaćene i razumljive u njihovom francuskom obliku *(dekadencija, resantiman, Renesansa).*

S druge strane, naslov „Antihrist", koji doslovno preveden znači „Antihrišćanin" *(Der Antichrist – der Christ* na nemačkom *hrišćanin;* Isus Hrist se uvek naziva njegovim latinskim imenom *Christus),* ostavio sam u tom obliku, pouzdavajući se u našu narodnu upotrebu. Naime, sa reči „antihrist" ona konotira „antihrišćanina", onoga koji je *protiv (anti,* gr.) Hrista i neprijatelj hrišćanske religije, ali u isti mah i značenje koje nalazimo u istoriji Crkve i koje joj Crkva pridaje: Antihrist – varalica koji je, došavši nešto ranije, *pre (ante,* lat.) uspona hrišćanstva, pokušao da osnuje religiju suprotnu onoj Hristovoj. Čini se da je na ovo drugo značenje mislio i sam Niče, kako to pokazuje rečenica iz njegovog pisma Malvidi fon Majzenbug: „Želite li novo ime za mene? Crkveni jezik *raspolaže* jednim: ja sam – Antihrist."

*

Životopis jedini kojeg je sam Niče napisao na zahtev danskog profesora filozofije Georga Brandesa (koji je radio na seriji predavanja o Ničeu) i poslao ga kao prilog uz pismo od 10. aprila 1888. Premda je Brandes radi svog kritičkog rada tražio precizne podatke, Niče pravi ovu „vidovitu retrospektivu" svog života kao zagonetni tekst, kao šifru svog života.

Vita

Rođen sam 15. oktobra 1844. godine na polju bitke kod Lutzena. Prvo ime koje sam čuo bilo je Gustav-Adolf. Moji preci bili su poljski velikaši (Niezky): izgleda da se ta krv dobro očuvala uprkos tri nemačke „majke". U inostranstvu me obično uzimaju za Poljaka: ove zime sam, primerice, u registru stranaca u Nici upisan comme Polonais. *Veli mi se da se moja glava pojavljuje u slikama od Matejka. Moja baba bila je član vajmarskog kružoka Getea i Šilera: njen brat nasleđuje Herdera kao generalni nadintendant u Vajmaru. Imao sam sreću da budem učenik cenjenog Šulpforta (Schulpforta) iz koje su izišle takve figure koje nešto znače u nemačkoj literaturi (Klopštok, Fihte, Šlegel, Ranke itd. itd.). Imali smo profesore koji bi činili (ili pak čine) čast ma kojem univerzitetu. Studirao sam u Bonu, docnije u Lajpcigu: stari Ričl (Ritschl), u to doba prvi filolog Nemačke izdvaja me od ostalih. Sa 22 godine bio sam saradnik „Literarisches Zentralblatt"-a (Carnke (Zarncke). Na moju inicijativu osnovano je filološko društvo u Lajpcigu, koje još postoji. Tokom zime 1868–1869 univerzitet u Bazelu ponudio mi je katedru profesora: a nisam čak bio ni doktor. Lajpciški univerzitet dodeljuje mi nakon toga titulu doktora na veoma počastan način, bez ikakvog ispita, čak i bez traženja teze. Od Uskrsa*

1869. do 1879. boravim u Bazelu: trebalo je da se odreknem svoje nemačke narodnosti, u protivnom bivam smesta regrutovan kao oficir (brdska artiljerija) i prekinut u mojim akademskim funkcijama. Pri svem tom sam stručnjak u dva oružja; sablja i top – a možda i trećem... U Bazelu sve je išlo ponajbolje uprkos mojoj mladosti: dešavalo se, naročito prilikom odbrana teza, da je kandidat bio stariji nego ispitivač. Velika milost bila mi je udeljena činjenicom da se između Jakoba Burkharta i mene uspostavio topao odnos, neobična stvar za ovog veoma samotnog mislioca koji je živeo na odstojanju. Velika milost bila mi je isto tako udeljena činjenicom da sam se još na početku mog bazelskog života beskrajno zbližio sa Rihardom i Kozimom Vagner koji su u to vreme živeli na njihovom imanju u Tribšenu (Triebschen) blizu Lucerna, kao na jednom ostrvu i kao oslobođeni od svih njihovih prethodnih veza. Tokom više godina mi smo sve delili, velike i male stvari, to je bilo bezgranično međusobno razumevanje. (U VII svesci Vagnerovih dela našli ste štampanu „poslanicu“ koju mi je on uputio povodom „Rađanja Tragedije“.) Počev od ovih teza ja sam upozao veliki broj ljudi (i „čovečica“), u osnovi gotovo sve ono što raste između Pariza i Petersburga. Oko 1876. god. moje zdravstveno stanje popušta. Tada sam proveo zimu u Sorentu sa mojom starom prijateljicom baronicom Majzenburg („Sećanja jedne idealistkinje“) i simpatičnim dr Rejom. Nije bilo nikakvog poboljšanja. Krajnje bolna u uporna glavobolja, pokazalo se, iscrpljivala je sve moje snage. Ona se iz godine u godinu pojačavala sve do stupnja intenzivne i neprekidne patnje, tako da je za mene godina imala 200 dana patnje. Zlo je moralo da ima sasvim lokalne uzroke, ne nalazi se ni najmanji trag neke neuropatološke baze. Nikada nisam imao ijedan simptom mentalnih smetnji; čak ni groznicu, nikakvu nesvesticu. U to vreme moj puls bio je isto toliko spor koliko i onaj Napoleona prvog (= 60). Moja specijalnost bila je *da izdržim bolne napade cru i vert*, sa savršenom lucidnošću dva do tri dana zaredom, praćene neprekidnim iskašljavanjem sluzi.*

Širila se glasina da sam u nekoj ludnici (i čak da sam u njoj umro). Ništa nije pogrešnije. Čak je u tom stravičnom periodu moj duh dostigao svoju zrelost; dokaz „Zora" koju sam napisao 1881. godine tokom jedne zime neverovatne nevolje, daleko od lekara, svojih prijatelja i porodice. Ta knjiga je za mene neka vrsta „dinamometra": napisao sam je sa minimumom snage i zdravlja. Počev od 1882. počeo sam da se penjem uz padinu, iako veoma sporo: kriza je bila savladana (moj otac je umro veoma mlad, tačno u starosti koju sam ja sam imao kada sam bio najbliži smrti). I dan-danas imam potrebu za krajnjom obazrivošću; neophodni su mi određeni klimatski i meteorološki uslovi. Nije pitanje izbora već nužnosti da leto provodim u Oberngadenu a zimu na Rivijeri... Konačno, bolest mi je bila od najveće koristi: ona me je oslobodila, povratila mi je hraborst za mene samog... Ja sam, takođe, prema svojim instinktima, srčana, i to ratnička životinja. Dugi otpor razdražio je pomalo moju gordost. – Ako sam filozof? – No, šta mari!...

Pripremio J. Aćin

---

* Fr. surove i oštre.

SADRŽAJ

Izdavačko preduzeće
RAD
Beograd, Dečanska 12

*

Glavni urednik
NOVICA TADIĆ

*

Grafički urednik
MILAN MILETIĆ

*

Korektor
MIROSLAVA STOJKOVIĆ

*

Priprema teksta
Grafički studio RAD

*

Za izdavača
SIMON SIMONOVIĆ

*

Štampa
Elvod-print, Lazarevac

CIP – Каталогизација у публикацији
Народна библиотека Србије, Београд

23/28

НИЧЕ, Фридрих
    Antihrist : prokleto hrišćanstvo / Fridrih Niče ; [preveo Jovica Aćin].
– Beograd : Rad, 1996 (Beograd : Zuhra). – 257 str. ; 19 cm. – (Reč i mi-
sao ; knj. 424)

Prevod dela: Der Antichrist / Fridrich Nietzsche. – Str. 88–92: O izvor-
niku i autor o sebi / pripremio J. [Jovica] Aćin.

ISBN 86-09-00436-8

a) Хришћанство

ID=47734796

V. S. Najpol
U SLOBODNOJ DRŽAVI

REČ I MISAO
KNJIGA 363

Preveo
DAVID ALBAHARI